Barbara Fleischer

Hannover

Komm an die Leine!

Geschichten & Anekdoten

Bildnachweis
Cover: picture alliance/Hauke-Christian Dittich
Wolfgang Schiemann: S. 6; Hermann Fleischer: S. 15, 24, 26, 28, 53, 54, 57, 79; ullstein bild-Sven Simon: S. 19; ullstein bild-Hans Robertson: S. 36; ullstein bild-Klaus Rose: S. 46; Barbara Fleischer: S. 21, 45, 47, 49, 50, 59, 61, 65, 67, 71, 72; privat: S. 31, 33.

Danksagung
Mein Dank geht an alle, die mir aufgeschlossen und freundlich auf Fragen geantwortet haben, die mir persönlich, am Telefon oder auch schriftlich kleine Geschichten und Erlebnisse erzählt haben. Sie haben meine Begeisterung für die Stadt, in der ich schon lange lebe, geteilt, aber auch ein paar kritische Anmerkungen beigesteuert. So ist es möglich geworden, dieses Buch zu verfassen.

1. Auflage 2023

Layout: Da Forma Agentur für Gestaltung, Gudensberg
Satz: Schneider Professionell Design, Schlüchtern-Elm
Druck: Rindt Druck, Fulda
Buchbinderische Verarbeitung: Buchbinderei S. R. Büge, Celle

34281 Gudensberg-Gleichen, Im Wiesental 1
Tel. 0 56 03 - 9 30 50   www.wartberg-verlag.de
ISBN 978-3-8313-3572-5

Inhalt

Vorwort

„In Hannover an der Leine, haben die Mädchen schöne Beine“, so behauptet einer der „Sprüche“ zur Stadt und dem dazugehörigen Fluss. Ich weiß nicht, ob das richtig ist, stelle nur bei mir fest, dass meine Beine nicht zu den schönen zählen.
Hannover, die Landeshauptstadt und größte Stadt von Niedersachen gilt landläufig als nicht interessant. Stimmt das wirklich? Zwei Personen, die zwar im Buch nicht vorkommen, aber es wissen müssen, äußern sich dazu. Doris Dörrie, international bekannte Filmemacherin, Autorin und gebürtige Hannoveranerin, meint, die Hannoveraner muffeln. Vielleicht sind die Menschen hier etwas zurückhaltend, aber Hannover ist eine liebens- und lebenswerte Stadt, über die es viel zu berichten gibt. Matthias Brodowy, der von sich sagt Kabarettist, Musiker, Moderator, Comedian oder „Vertreter für gehobenen Blödsinn“ zu sein, hat ein Lied geschrieben und von seiner Liebe für Hannover „auf den zweiten Blick“ geschwärmt. Ich habe mehr als einen Blick in und auf die Stadt geworfen und eigene Erfahrungen, Anekdoten und Erzählungen in diesem Buch zusammengetragen. Ich lade Sie ein, mit mir lesend ganz bequem durch die Stadt zu spazieren. Erleben Sie die Kinostadt, folgen Sie mir in die Privatwohnung eines jungen Paares, erinnern Sie sich an die Nebgen-Buden, das rote Hannover, Promis wie Yvonne Georgi, die in der internationalen Ballettwelt verehrt wird oder Kabarettist Dietrich Kittner.
Viel Spaß beim Lesen!

Ihre Barbara Fleischer

Kinostadt Hannover

Von leinwandfüllenden Filmbildern geht eine große Faszination aus, sich ihr zu entziehen fällt schwer. Die erste Vorführung der „Cinématophie Lumière“ in Hannover fand am 18. August 1896 statt. In Panik verließen die Gäste bereits vor Ende der Vorstellung den Kinosaal. Der Film „Anreitende französische Kavallerie“ war so realistisch, dass die heranstürmenden Reiter als echt empfunden wurden.
Nach dem Zweiten Weltkrieg, einer Zeit mit mehr oder minder subtilen Propagandafilmen, für deren Entstehung man keine Kosten scheute, gab es viel nachzuholen. Schon 1950 gehörte Kino neben dem Sport zu den wichtigsten Freizeitbeschäftigungen. Deutschland war 1951 dem „GATT“ (General Agreement on Tariffs and Trade) beigetreten. Dieses Allgemeine Zoll- und Handelsabkommen machte es möglich, internationale Filme vorzuführen. Das „Apollo-Kino“ zeigte in den 1950er-Jahren mit großem Erfolg amerikanische Western. Im Gegensatz dazu konzentrierte sich das zweite Kino im Stadtteil, die „Lindener Schauburg“, auf deutsche Filme.
In Hannover stieg die Anzahl der Lichtspielhäuser zwischen 1951 und 1959 von 36 auf 52. Es gab große Häuser, vorwiegend in der Innenstadt, aber auch kleine Stadtteilkinos in der Vorstadt. Das „Apollo“ in Linden wurde 1908 als eines der ersten Kinos in Deutschland eröffnet. Dafür baute man einen Tanzsaal um und bestuhlte ihn. Nach wie vor ist das Kino am alten Platz in der Limmerstraße 50 beheimatet. Mit dem Zugang vom Hof des Gebäudes aus bietet es seit mehr als 100 Jahren Unterhaltung. Aufgrund äußerer Ereignisse gab es längere Unterbrechungen im Spielbetrieb. Im November 1944 zerstörten Bomben das Nachbarhaus und mit ihm einen Teil des Kinos. Schon am 24. Juli 1945 konnte es

wieder eröffnet werden. Anfang der 1950er-Jahre wechselte das Programm zweimal wöchentlich, dienstags und freitags. Es wurden amerikanische Filme gezeigt, die schon einige Wochen früher in einem der Premierenkinos in der Innenstadt zu sehen gewesen waren. Obwohl das Ehepaar Jutta Kaufmann, die Tochter der Begründerin des Kinos, und ihr holländischer Mann Henk ter Horst nach einer technischen Umstellung bald Breitwandfilme

Das Apollo-Kino an der Limmerstraße in Linden heute.

zeigen konnten, verwarfen sie den Plan, den Kinosaal zu vergrößern, als zu aufwendig und teuer. Der Besuch im Kino wurde inzwischen oft durch den Platz vor dem „Schluffenkino“ zu Hause ersetzt, denn immer mehr Haushalte in Deutschland konnten sich einen Fernsehapparat leisten. Ein schleichendes, stetiges Kinosterben begann. Die Betreiber des Apollo liebten ihr Kino und versuchten es trotz sinkender Einnahmen am Leben zu halten. Wie lange würde das möglich sein?
Der rettende Engel in Form des Studenten Hans Joachim Flebbe, eines Mitglieds des hochschuleigenen Filmclubs, erschien 1973 bei Henk ter Horst und fragte, ob er nicht ein anspruchsvolles Programm für studentisches Publikum umsetzen dürfe. Diese Idee war ein Wagnis, aber es gab nichts zu verlieren. Flebbe war Filmpionier und eröffnete nur vier Jahre später im Alter von 26 Jahren das Kino am Raschplatz, später war er Gründer der Cinemaxx und Astor Kinos. Am 2. Februar 1973 zeigte das Apollo mit großem Erfolg Stanley Kubricks „2001: Odyssee im Weltraum“. Von nun an erschien ein Monatsprogramm mit einem manchmal tageweise wechselnden Programm. Die gedruckten Flyer wurden zur Auslage an verschiedenen Stellen von Henk ter Horst persönlich verteilt. Bald kannten ihn viele und in studentischen Kreisen sprach es sich schnell herum, wenn Herr Apollo wieder da gewesen war.
Die Änderungen gingen weiter. Jugendliche bemalten die Außenwände des Kinos bunt, es gab Plakatversteigerungen, Regisseure wurden eingeladen, ihre Filme selbst vorzustellen und anschließend mit dem Publikum zu diskutieren. Das Apollo war eines der ersten Programmkinos Deutschlands. Flebbes Idee zeigte Erfolg – die Besucherzahlen stiegen in astronomische Höhen: Hatte man 1972 knapp über 25.000 Karten verkauft, waren es ein Jahr später mehr als 135.000.

Bevor das Apollo Kino durch eine unachtsam vor der Eingangstür im Hof weggeworfene Zigarettenkippe am 5. Mai 1981 ausbrannte, war es ein richtig altmodisches Kino. Eingerichtet mit engen Reihen und spartanisch harten Klappsitzen, die knallten, wenn man einfach aufstand, ohne die Sitzfläche festzuhalten. Experten, die es gern bequemer hatten, brachten ein eigenes Stuhlkissen mit. Man saß eng gedrängt und die Stimmung war gut. Wer regelmäßig ins Kino ging, kannte die Werbung und nach dem ersten Blick auf die Leinwand oder den ersten Takten Musik riefen Gäste laut das Produkt aus, das angepriesen werden sollte. War's richtig, gab es Applaus, sonst Laute der Enttäuschung.

Als einmal die Heizung ausgefallen war, stieg die Stimmung beträchtlich, denn zwei Flaschen Korn, eine Stiftung des Hauses, wurden von der ersten Reihe aus durchgereicht. Niemand hatte hygienische Probleme mit dem geteilten Schluck aus der Pulle. Leider wurde es dadurch nicht merklich wärmer, aber alle hielten bis zum Ende durch. Nur zweieinhalb Monate nach dem Brand konnte das Kino wiedereröffnet werden. Man saß nun bequemer, denn jetzt gab es Polstersessel, wenn auch zum Klappen. Am 1. August 1981, zur Neueröffnung, zeigte man den amerikanischen Film „Viel Rauch um nichts“ und der Originaltitel „Up in Smoke“ steht symbolisch für das feurige Ereignis.

Seit mehreren Generationen ist das Apollo inzwischen in Familienbesitz. Nach der letzten umfassenden Renovierung 2006 hat es heute 214 bequeme Sitzplätze statt der früheren 300. Das letzte hannoversche Kino im Kiez bietet weiterhin ein vielfältiges, täglich wechselndes Programm für alle Altersgruppen vom Kinderwagenkino für junge Eltern bis zu den damaligen Studentinnen und Studenten, die inzwischen ergraut sind.

Am 12. Oktober 1974 wurde das „Kommunale Kino" eröffnet. Es war nach einer ersten Vorführung im Freizeitheim Vahrenwald bis 1978 einmal wöchentlich zu Gast im Apollo. Dann zog es um in eine feste Spielstätte, das „Colosseum" am Raschplatz. Seit 1983 hat es seinen eigenen Kinosaal im Erdgeschoss des Künstlerhauses in der Sophienstraße.
Im letzten, bisher vernachlässigten hannoverschen Stadtteil gab es seit 5. Juli 1951 endlich ein Kino, die „Kleefelder Lichtspiele". Es schloss 1966, Geschäfte vom Lebensmittelladen bis zum Drogeriemarkt zogen ein. Aber die Tradition des Stadtteilkinos lebt weiter. Das örtliche Kulturzentrum „Hölderlin 1", benannt nach der Straße, an der es liegt, präsentiert unter dem Thema „Kleefelder Lichtspiele" regelmäßig Spielfilme und Familienkino mit reichlich Popcorn.
Die großen, architektonisch interessant gestalteten und beleuchteten Innenstadtkinos mit bis zu 1500 Plätzen im Parkett und auf dem Rang sorgten dafür, dass mit deutschen Erstaufführungen und sogar Weltpremieren die Landeshauptstadt von Niedersachsen zur Hauptkinostadt wurde. Nicht nur Filmproduktionen aus Göttingen und dem 30 Kilometer südlich von Hamburg gelegenen kleinen Ort Bendestorf mit den Filmstudios des „Hollywood in der Heide" starteten hier. Passenderweise wurde in dieser ländlichen Umgebung „Krach um Jolanthe" gedreht, der erste deutsche Cinemascope-Film. Die Verwirrungen um eine Zuchtsau feierten am 16. September 1955 im „Theater am Aegi" Premiere.
Zwischen 1950 und 1955 gab es in Hannover einhundert Uraufführungen, der Höhepunkt war 1955 mit neunzehn deutschen Spielfilmen. „Des Teufels General" mit Curd Jürgens, Victor de Kowa und Marianne Koch nach dem Theaterstück von Carl Zuckmayer wurde am 23. Februar 1955 erstmals in

den „Weltspielen“ gezeigt. Dieses Kino durfte sich rühmen, mit insgesamt 43 Premieren von 1949 bis 1961 die Hitliste anzuführen, gefolgt vom „Aegi“ mit dreißig. Wenn Stars sich zur Erstaufführung angesagt hatten, kündigte die örtliche Presse ihre Ankunft an. Beinahe von A bis Z reicht die Aufzählung der berühmten Namen. Hier können nur wenige genannt werden: Hans Albers – der blonde Hans –, Gert Fröbe, Elisabeth Flickenschild, Walter Giller, Ruth Leuwerik, Marika Rökk, Vico Torriani und Grethe Weiser beehrten die Kinostadt Hannover mit einem Besuch. Fans begrüßten sie am Bahnhof, standen Spalier an den Straßen und verabschiedeten sie auf dem Rückweg. Es schlug die Stunde der Autogrammjäger. Drängelei und Rangelei um die begehrten Trophäen gehörten dazu. Manchmal mussten die Schauspielerinnen und Schauspieler sogar durch Zäune vor der jubelnden Menge geschützt werden.

Besondere Kinos gab es in Bahnhöfen. Nach Frankfurt und Hamburg öffnete im hannoverschen Hauptbahnhof das „Aki-Aktualitäten Kino“. Reisende konnten sich bei längeren Aufenthalten die Zeit vertreiben. Der Werbespruch „in 50 Minuten um die Welt“ verhieß seit dem 28. September 1951 50 Minuten Kurzweil. Gezeigt wurden in fünfzehn Vorstellungen täglich von morgens früh bis zum späten Abend: Wochenschauen, Sportberichte, Kurz-, Kultur- und Zeichentrickfilme und Werbung, alles zum Eintrittspreis von 50 Pfennigen. Neben der Leinwand hingen eine Uhr und eine zweite Projektionsfläche, auf der an Abfahrtszeiten erinnert und Zugverspätungen angekündigt wurden. Auch hier leitete das Fernsehen mit aktuellen Nachrichten und Berichten eine Veränderung ein. Ab 1970 zeigte das „Aki“ Sex and Crime, 1981 wurden aus einem Kino drei und 1996 kam es zur Schließung.

Wer schon immer hoch hinauswollte, fand in der Kuppel des 1928 durch den Hamburger Architekten Fritz Höger gebauten ersten Hochhauses in der Leinestadt eine Kulturfilmbühne. Die Kuppel des Pressehauses für den von August Madsack herausgegebenen „Hannoverschen Anzeiger“ wurde am 23. Mai 1945 von einer Brandbombe getroffen. Im Inneren brannte das dort befindliche Planetarium mit der Filmbühne aus. Die Kuppel hatte widerstanden und war nicht eingebrochen und nachdem der Schaden behoben war, eröffneten am 6. Dezember 1949 die „Hochhaus-Lichtspiele“. Das Kino im „Anzeiger Hochhaus“, mehr als 30 Meter über Straßenniveau, war das höchste Kino Deutschlands. Es vermittelte durch die goldfarbene Täfelung, indirekte Beleuchtung und eine geschwungene Decke eine anheimelnde Theateratmosphäre. Mehrmals wurde es renoviert, aber nicht verändert. Bis 1966 gab es im 7. Obergeschoss eine Caféterrasse mit einem beeindruckenden Blick über die Stadt. Am 30. Oktober 2016 wurde wegen der notwendig gewordenen Kuppelsanierung der Kinobetrieb eingestellt. Filme werden jetzt im Behelfsquartier in der ehemaligen Schalterhalle des Gebäudes gezeigt. Kinoenthusiasten hoffen auf eine Wiedereröffnung hoch oben, wenn die Baumaßnahmen abgeschlossen sind.

Hannover wird untergraben

„Ramme los“, so lautete am 16. November 1965 um 10:31 Uhr das Kommando von Oberbürgermeister August Holweg, mit dem der Bau der hannoverschen U-Bahn begann. Von nun an wurde gerammt, gegraben, gestemmt und gefräst – ganze zehn Jahre lang. Zum Festakt mit Umtrunk waren nicht nur hannoversche Persönlichkeiten wie Regionspräsident Hauke Jagau und Ministerpräsident Dr. Georg Diederichs anwesend, sondern auch Fachleute aus anderen Großstädten wie Köln, Hamburg oder München. Hannover galt als zukunftsträchtige Stadtbahnstadt. Begonnen hatte man am Waterlooplatz, Ecke Gustav-Bratke-Allee. Es wurde sozusagen über Tage gebaut, jederzeit konnte man in den tiefen Abgrund schauen. Allerdings stockten die Arbeiten schon sehr bald, das Geld war ausgegangen. Wie gut, dass es zum 1. Januar 1971 eine bundesweite Gesetzesänderung gab, das Gemeindeverkehrsfinanzierungsgesetz (GVFG) war die Rettung. Das, so der volle Titel „Gesetz über Finanzhilfen des Bundes zur Verbesserung der Verkehrsverhältnisse der Gemeinden“ unterstützte auch Hannover beim Bau des schienengebundenen öffentlichen Personennahverkehrs.

Aus den 1949 angestellten Überlegungen zu einer Unterpflasterbahn entstand die konkrete Planung der hannoverschen Stadtbahn. Der Pendlerverkehr aus dem Umland war zwischen 1950 und 1960 stark angestiegen. Verkehrsstaus zeigten, dass die autogerechte Stadt an ihre Grenzen stieß, ein guter öffentlicher Nahverkehr sollte Entlastung bringen. Eine Untergrundbahn in der Stadtmitte, kombiniert mit einer oberirdisch fahrenden Straßenbahn, die auch weiter entfernte Stadtteile einband, sollte das Verkehrsproblem lösen. Am 23. Juni 1965 hatte der Rat der Stadt beschlossen, den öffentlichen Nahverkehr zu fördern. Das neu gegründete U-Bahn-Bauamt leitete seit 1. Juni 1967 Klaus Scheelhaase. Er war Diplomingenieur, verfügte aber auch über Verwaltungskenntnisse und Erfahrung in der Öffentlichkeitsarbeit. Er war derjenige, der den Stadtbahnbau entwickelt und gesteuert hat. Dazu gehörten die Gestaltung der Stationen und ihre Technik. Besondere technische Herausforderungen waren die Unterquerung der Leine, der zentrale Umsteige- und Knotenpunkt Kröpcke und die Strecke unter dem Hauptbahnhof. Bereits zu Beginn bezog Scheelhaase den Zugang zum Hauptbahnhof mit ein und die Passerelle wurde angelegt, 2002 erhielt sie den Namen Niki de Saint Phalle Promenade. Eine Ebene unter Straßenniveau gelegen, verbindet sie den Kröpcke mit dem Raschplatz und der Lister Meile, die Innenstadt mit der Oststadt, dem Viertel hinter dem Bahnhof.

Am 26. September 1975 fuhr die erste Bahn durch den Tunnel, ein Teil der Stadtbahnstrecke A war fertiggestellt. Am Hauptbahnhof spielte die Feuerwehrkapelle „Ein Tag so wunderschön wie heute“. Hier startete der Zug der Linie 12, ein mintgrüner, mit Blumengirlanden geschmückter Stadtbahnwagen vom Typ TW 6001i. Die genaue Farbbezeichnung war „Opel Signalgrün L 308“. Oberbürgermeister Schmalstieg stand im Führerstand der grünen Bahn, wie sie bald im Volksmund genannt wurde. An der zweiten Station, dem Kröpcke, erwarteten die Fahrgäste Erbsensuppe und Bier und an der Markthalle gab es Jazzmusik. Die Fahrt bis zur Haltestelle Waterloo, der vierten und zugleich letzten Station der Linie, hatte Volksfestatmosphäre. Zwei Tage später, am 28. September, fuhr die Bahn sogar bis Oberricklingen. An den ersten drei Tagen durfte man kostenlos fahren! Die legendäre Linie „12“ wurde eingestellt, als die zweite Teilstrecke am 4. April 1976 eröffnet wurde, gab es sie bereits nicht mehr. Im Frühjahr 2023 hat die ÜSTRA entschieden, das Liniennetz

neu zu gestalten. Zum Fahrplanwechsel im Herbst 2023 soll wieder eine Linie 12 verkehren.
Welche Auswirkungen der Bau der Stadtbahnstrecke A auf eine Kirche haben würde, war damals nicht abzusehen. 1960 war unter der Leitung von Dieter Oesterlen mit dem Wiederaufbau der im Zweiten Weltkrieg zerstörten evangelisch-reformierten Kirche an der Lavesallee begonnen worden. Sie sollte auf den alten Umfassungsmauern des Originals von 1896 bis 1898 errichtet werden. 1974 wurde der Turm saniert und die Kirchengemeinde entschloss sich, den Turmhelm wieder aufzubauen, damit die von der britischen Königin Victoria gestifteten drei Glocken endlich wieder dort hängen konnten. Statische Gründe machten das Vorhaben unmöglich. Durch den U-Bahn-Bau und die damit einhergehende Absenkung des Grundwasserspiegels war das Fundament aus Holzpfählen, eine an vielen Stellen in der Stadt benutzte Bauweise, nicht mehr tragfähig genug für Turm und Glocken. Es gab nur ein Entweder – Oder, die Entscheidung fiel zugunsten der Glocken. Der markante Turm, unten ein Viereck und oben ein Achteck, ist um 45° zum Gebäude verdreht und hat nun zwar keine hohe, schlanke Spitze, aber eine Krone über den königlichen Glocken.
Vier Stadtbahnstrecken waren geplant worden, jeder wurde eine Farbe zugewiesen, A erhielt blau, B rot, C gelb und grün stand für D. Diese Farbgebung ist bis heute auf jedem Liniennetzplan zu sehen. Aber lediglich drei unterirdische Linien wurden tatsächlich gebaut. Für die vierte, die D-Linie, gab es nur Vorarbeiten. So existiert unter dem Hauptbahnhof die Geisterstation. Eine U-Bahn-Station im Rohbau, sogar die Gleisbetten sind vorhanden. Besuchen kann man sie mit Stattreisen Hannover e.V. interhalb der Führung zum Thema „Der Hauptbahnhof Hannover“. Die Linien 10 und 17 fahren nur als Straßenbahn.

Das große Loch am Kröpcke, Ausschachtungs- und Bauarbeiten 1970.

Von allen Stationen ist Kröpcke diejenige, die am weitesten in den Untergrund führt. Der zentrale Umsteigeort verbindet drei Linien miteinander, bis zu einer Tiefe von 25 Metern sind zwei Bahnsteigebenen übereinander geschachtelt. Ein riesiges Bauloch, so groß wie zweimal Kröpcke, entstand hier. Sogar Ernst August, König von Hannover, musste zusammen mit seinem Pferd Ibrahim seinen Platz als Bahnhofsvorsteher verlassen. Er ritt während der Baumaßnahmen am Leineschloss, unserem heutigen Landtagsgebäude. Das Denkmal mit dem Gewicht von einundzwanzig Tonnen, davon allein Ross und Reiter siebeneinhalb Tonnen schwer, wurde gemeinsam mit dem Sockel versetzt.

Großes Ungemach ertrugen die Anwohner der Alten Celler Heerstraße, die seit November 1972 Lister Meile heißt, der Fortsetzung der Passerelle bis zum Lister Platz. Hier fuhr früher die Pferde-, danach die Straßenbahn. Stadtbaurat Hanns Adrian plante eine vollständige oberirdische Neugestaltung und unterirdisch die Fortsetzung der blauen U-Bahn-Linie A. Es sollte eine verkehrsberuhigte Straße und im zweiten Teil eine Fußgängerzone werden. Um Planer und Gegner des Vorhabens an einen Tisch zu bringen, gründete sich 1969 der „Verein der U-Bahn Anlieger Raschplatz – Lister Platz e.V.“, heute „Aktion Lister Meile“, und tatsächlich konnte 1970 mit den Arbeiten begonnen werden. Wegen der Enge der Straße, gesäumt von mehrstöckigen Bauten, mussten zwei Tunnelebenen übereinander gebaut werden, die gesamte Straße wurde ausgebaggert. Mit Metallträgern wurden die Häuser abgestützt, es gab nur schmale Fußwege an den Gebäuden entlang, gesichert durch Holzzäune und Gitter. So hoffte man, die Bauschäden möglichst gering zu halten. Zwei Häuser sind dennoch abgerutscht. Zu Recht fürchteten Geschäftsinhaber um ihre Existenz. Das Kino „Universum-Lichtspiele“ musste 1970 schließen, da der Zugang im Hinterhof der Hausnummer 38 durch die Baustelle kaum zu erreichen war. Der erste Bauabschnitt zwischen Raschplatz und Wedekindstraße feierte seine Fertigstellung am 18. November 1972 mit einem Straßenfest, 1975 waren die Arbeiten bis zum Lister Platz beendet.

Nicht alles war von Anfang an erfolgreich. 1981 demonstrierten Rollstuhlfahrer bei einer Streckeneröffnung. Sie beklagten, dass es zu wenige Fahrstühle gebe und dass der Weg in die Stadtbahn durch zu niedrige Bahnsteige unmöglich sei. Viel hat sich seither positiv verändert, gut gestaltete Stadtbahnwagen mit breiten Türen, Plätzen für Rollstühle, Kinderwagen und Fahrräder gibt es und Fahrstühle, Rampen und Hochbahnsteige.

Beim U-Bahn-Fahren kann man sogar Kunst erleben, denn jede Station ist individuell gestaltet. Die Bahnsteigebene von Markthalle – Landtag ist mit rotem Klinker verblendet und steht in Bezug zum Alten Rathaus und der Marktkirche. Beide Gebäude wurden in diesem für Norddeutschland typischen Baumaterial errichtet. Ebenfalls rot verklinkert ist die 1982 eröffnete Haltestelle Altenbekener Damm. Der Name weist auf eine Eisenbahntrasse hin, auf der die damalige Strecke zwischen dem nicht mehr vorhandenen Südbahnhof über Linden nach Hameln führte. Eine Zeichnung stellt eine in Hannover für diese Verbindung produzierte Dampflokomotive dar.

Oberirdisch ist der Klinkerbau der Gilde Brauerei zu bewundern, die für die Station zwei Sudpfannenoberteile von 1902 gestiftet hat. Eine besondere Dekoration findet man am Königsworther Platz, 1985 eröffnet. Die alte Ortschaft existiert nicht mehr, aber am 1845 angelegten Platz, damals ein Schmuckplatz, beginnt die Allee, die zu den Gärten in Herrenhausen führt. Zur Einstimmung auf einen Besuch begrüßen an den Wänden stramm stehende Wachsoldaten der früheren Garde du Corps, der königlichen Leibgarde, die Gäste. Gebäude- und Gartenszenen unter Gitterbögen und in verschiedenen Formen beschnittene Bäumchen und Hecken runden die Szene ab. Die Fahrt mit der Stadtbahn ließe sich noch lange fortsetzen, denn es gibt viel zu entdecken.

Dietrich Kittner – der unbeugsame Kabarettist

Dietrich Kittner (1935–2013), zu dessen Auftritten die Gitarre und die Ernst-Thälmann-Mütze mit dem 5-eckigen roten Stern gehörten, galt als „Wagner“ unter den Kabarettisten. Seine Soloprogramme dauerten mindestens zweieinhalb Stunden, meistens länger. Dennoch waren sie immer ausverkauft. Noch während des Jurastudiums in Göttingen hatte er 1958 seine spätere Ehefrau Christel kennengelernt, sie studierte Physik und Mathematik. Nachdem sie ihre „wilde Ehe“ wie das damals verbotene und strafbare Zusammenleben unverheirateter Paare hieß, legalisiert hatten, zogen sie nach Hannover, wo am 30. März 1962 Sohn Konrad geboren wurde. Beide Kittners hatten das Studium aufgegeben. Nach Kabarett-erfahrungen mit dem Studentenkabarett „DIE LEID-ARTIKLER“ in Göttingen meldete Kittner 1961 beim Ordnungsamt in Hannover einen „Gewerbebetrieb zur Herstellung politischer Satire“ an. Er wurde Berufskabarettist und seine Frau, über die er sagte, „ohne Christel wäre das alles nicht möglich gewesen“, war seine Managerin für die Auftritte in Hannover, die zahlreichen Gastspiele im In- und Ausland. Sie wickelte das Finanzielle ab und war der gute Geist im Hintergrund. Hannover war kein Ort für Kabarett, bevor Dietrich Kittner die Leinestadt für mehr als vier Jahrzehnte zu einem bedeutenden Standort machte. Sein erster Auftritt fand 1961 im Künstlerhaus statt, außerdem er trat er unter anderem im Kabarett „club voltaire“ auf und ging auf Tourneen.

1975, nach dreijähriger Vorbereitung und Arbeit, konnte er endlich sein eigenes Theater eröffnen, das „tab“ (Theater an der Bult). Es war ein kleines Reihenhaus neben anderen ähnlichen Häusern aus den 1930er-Jahren, an einer Ausfallstraße Richtung Hildesheim am Stadtrand gelegen. Hier, in der Nähe der Tierärztlichen Hochschule

am Bischofsholer Damm 88, lag das ehemalige evangelische Gemeindehaus, das Wohnung und Theater zugleich werden sollte. Eine blödsinnige Idee, so die Meinung von Freunden, und auch der Kulturausschuss der Stadt wollte kein Fördergeld gewähren. Aus Trotz mietete Kittner 1972 die Aula der Tierärztlichen Hochschule an und alle 350 Plätze wurden verkauft. Das machte Mut!
Nun galt es das eigene Haus aus- und umzubauen. Auch ein Berg von bürokratischen Hindernissen musste abgetragen werden. Fluchtwege, Notausgänge, Notbeleuchtung, Feuerlöscher, Feuerschutztüren, getrennte Toiletten für Damen und Herren. Monatelange Arbeit stand bevor. Es tauchten freiwillige, helfende Hände auf, der Unterstützer der Rote-Punkt-Aktion wurde

Der Kabarettist Dietrich Kittner mit Thälmannmütze.

unterstützt, auch Sachspenden wie Lampen nahm er gern an. Was noch fehlte war die Bestuhlung. Aus der Zeitung erfuhr das Ehepaar Kittner, dass das städtische Theater neu ausgestattet wurde. Die alte Bestuhlung sollte im Depot oder auf der Mülldeponie landen. Alle kreativen Vorschläge zur weiteren Nutzung in dem kleinen Theater prallten an der Verwaltung ab. Erst als pressewirksam der Oberbürgermeister eingeschaltet wurde, durften die gepolsterten Stühle käuflich erworben werden. Am 2. Dezember 1975 fand die erste Vorstellung statt, alle Plätze im Zuschauerraum waren belegt. Das Theater war sogar zu 106% ausverkauft. Christel Kittner holte nämlich noch die sechs Wohnzimmerstühle hinzu.

Mehr als vier Jahrzehnte prägte Kittner die Kabarettszene in Hannover. 30 Soloprogramme hat er entwickelt, zahlreiche Schallplatten CDs, DVDs, Bücher und Filme von ihm wurden veröffentlicht. Auch viele Ehrungen wurden ihm zuteil, wie der Deutsche Kleinkunstpreis, der Deutsche Schallplattenpreis, der Erich-Mühsam-Preis, der Theaterpreis der Hannoverschen Presse und der „Ehrengaul" des Landes Niedersachsen.

Dietrich Kittner blieb sein Leben lang ein Provokateur. 1965 wurde er wegen Erregung öffentlichen Ärgernisses im Garten des Café Kröpcke verhaftet. Er trug eine in der NS-Zeit übliche Gasmaske und einen Stahlhelm zum Zeichen des Protests gegen die Notstandsgesetze, die damals beraten und im Mai 1968 von der Großen Koalition verabschiedet wurden. Der eingeschaltete Rechtsanwalt sorgte nicht nur für die Verteidigung seines Mandanten, sondern auch für die entsprechende Pressewirksamkeit. Der Spiegel griff den Vorgang auf und berichtete in der Ausgabe vom 1. Dezember 1965 unter der Überschrift „Gefahr im Garten" ausführlich. Die ganze Angelegenheit endete mit einem Ermittlungsverfahren wegen groben Unfugs, das später eingestellt wurde.

Immer wieder standen die Fördergelder der Stadt wie auch die des Landes Niedersachsen zur Disposition. In Hannover kam dem tab zugute, dass die Ratsfraktionen untereinander kleine Scharmützel ausfochten, die letztlich positiv für das Kabarett endeten. Der Kulturausschuss genehmigte eine jährliche Summe von 6000 DM, später sogar 20.000 DM. Bis 1978 wurde Kittners Theater wie alle Theater vom Land Niedersachsen finan-

Das Familiengrab der Familie Kittner auf dem Stadtfriedhof Engesohde.

ziell unterstützt. 1979 und 1980 blieb die Förderung unter der CDU-Regierung von Ministerpräsident Ernst Abrecht aus, das Wissenschaftsministerium lehnte die Anträge ab. Protestbriefe an Minister Eduard Pestel, die Gründung eines Freundeskreises und eine Anfrage der SPD im Landtag waren erfolglos. Ein Kabarettist könne nicht wie ein Beamter lebenslang unterstützt werden, so die Begründung.

Kittner vermutete politische Gründe und klagte. Das Verwaltungsgericht Hannover entschied zu seinen Gunsten. In der mündlichen Verhandlung stellte sich heraus, dass der Ministerpräsident persönlich im Kabinett für die Ablehnung gesorgt hatte, ohne dass der Fachminister eine entsprechende Vorlage eingebracht hatte. Das Gericht vermutete daher politische Gründe, zumal dem tab als einzigem Theater in Niedersachsen die Unterstützung versagt wurde. Die Bescheide wurden als rechts- und verfassungswidrig aufgehoben. Es dürfe nur nach für die Kunst wichtigen Kriterien und nicht nach politischer Meinung entschieden werden.

1985, zum 25-jährigen Bühnenjubiläum und seinem 50. Geburtstag veranstaltete Hannover in der städtischen Kunstgalerie „KUBUS“ eine Ausstellung zu Ehren Kittners. Freunde und Weggefährten waren eingeladen. Unter den Gästen waren der hannoversche Kulturdezernent Harald Böhlmann, Reinhard Hippen, Gründer und Leiter des Kabarettmuseums und Archivs in Mainz wie auch Gisela May und Ekkehard Schall aus der DDR.

Dietrich Kittner durfte sich 2005, mit 70 Jahren, in das „Goldene Buch“ der Stadt Hannover eintragen. Zwischen 1987 und 2007 war das TAK (Theater Am Küchengarten) seine Bühne bei Gastspielen. Aus gesundheitlichen Gründen war das Ehepaar Kittner schon Anfang der 1990er-Jahre nach Österreich gezogen, wo Dietrich Kittner am 15. Februar 2013 starb. Seine Urne kehrte nach Hannover zurück. „Das größte Schandmaul der Nation“ wurde im Familiengrab auf dem Stadtfriedhof Engesohde bestattet. Die Nachricht von seinem Tod war seine erste Erwähnung im Fernsehen. Zum 25-jährigen Bestehen des NDR 1981 war ein geplanter Film über ihn durch die Staatskanzlei verboten und kurzfristig abgesetzt worden.

Von der Straßenkunst

Langweilig, leidenschaftslos, grau und mittelmäßig, „Hannover ist eine Großstadt mit provinziellem Charakter“. So stand es Anfang der 1970er-Jahre in einem Gutachten, später Imagestudie genannt. Das wollte man nicht auf sich sitzen lassen! Stadtdirektor Martin Neuffer forderte eine farbige Stadt, „die mit Kunstwerken so vollgestopft ist wie mit Bäumen“. Das rief die Kritiker auf den Plan, die das Vorhaben wirklichkeitsfremd fanden, denn immerhin hatte Hannover damals so um die 800.000 Bäume. Dennoch sollte am 1. September 1970 ein drei Jahre dauerndes, experimentelles Straßenkunstprogramm beginnen.
Hannover war die erste Stadt in Deutschland, die Kunst auf der Straße zu einem kommunalpolitischen Programm machte. 1,4 Millionen DM wurden ausgelobt, 27 Kunstwerke sollten erworben und aufgestellt werden, Neuffer versprach neue „Erlebnisdimensionen“. Um alles großstädtischer zu machen, hatte die Stadt seit Herbst 1972 mit Mike Gehrke einen sogenannten „Image-Pfleger“. Sein offizieller Titel war „Leiter des Referats für Kommunikationsförderung“.
Am Beginn des Gesamtprojekts stand am letzten Augustwochenende 1970 ein Altstadtfest unter dem Motto „Dabeisein und

Die Nanas am Leibnizufer 1974.

Mitmachen". Die Stadt wurde zum Erlebnisraum für 200.000 Besucherinnen und Besucher. Es sollte sein wie in früheren Jahrhunderten, als Städte noch den Menschen und nicht den Autos gehörten. Alle amüsierten sich bei Straßentheater, Pantomime, Kabarett und Musikdarbietungen, es gab spontane Aktionen, sogenannte Happenings. Da wurde zum Beispiel ein riesiger Luftballon von vielen Menschen über die Köpfe durch die Stadt geworfen oder besser gerollt, Objekte aus Bubbelplast wurden im Wortsinn bespielt. Auf dem Maschsee konnte man fast trockenen Fußes wie Jesus über das Wasser wandeln. Der dafür ausgelegte große Plastikschlauch einer holländischen Künstlergruppe war argen Belastungen ausgesetzt. Dieses erste Altstadtfest war traumhaft, eine Steigerung des Lebensgefühls, ein wirkliches (Kunst-)Spektakel. Sogar die überregionale Presse berichtete. Vorbei die Langeweile und Mittelmäßigkeit, Hannover war bunt und voller Leidenschaft.

Das auf das Eröffnungsfest folgende Kunstprogramm war vielfältig, dazu gab es zeitlich begrenzte Aktionen wie farbige

Plastikquader oder Würfel an öffentlichen Gebäuden. Werke bekannter Künstler wie Horst Antes „Kopffüßler“ oder „Avenue K“ von Kenneth Snelson waren ebenso unter den erworbenen Objekten wie solche von lokalen Kunstschaffenden.
Beschriftet mit dem Titel „Guadeloupe“ wurde eine Plastik von Alexander Calder vor dem Opernhaus aufgestellt. In einer riesigen Holzkiste mit diesem Schriftzug war sie nach Hannover gereist. Es war, wie später zufällig bekannt wurde, der „Hellebardier“. Das 6 Tonnen schwere, 8 Meter hohe, auf einer Grundfläche von 7 x 6 m stehende Objekt, das immerhin 100.000 Dollar gekostet hat, hatte der Schokoladenfabrikant und Kunstmäzen Bernhard Sprengel der Stadt geschenkt. Seiner Ansicht nach fehlte es dem Straßenkunstprogramm an Weltläufigkeit. Der Standort vor dem Opernhaus war ein Kontrast zum klassizistischen Stil des von Hofarchitekt Georg Ludwig Friedrich Laves erbauten Gebäudes. Nur genau das wollten viele Hannoveraner nicht ertragen. Schweißnähte, Nieten und auch noch diese rote Farbe – das großartige Gebäude wurde vollkommen entwertet. Die Stadt beugte sich der Mehrheitsmeinung, 1978 zog die Skulptur um und steht seither am Maschsee, vor dem nach dem Stifter benannten Sprengel-Museum, und sie gehört inzwischen zu den sehenswerten Kunstobjekten der Stadt.
Natürlich durfte Kunst etwas kosten, aber so viel? Und solche Kunst? „Pissnelken-Kunst“, so die abfällige Bezeichnung, die die geringe Akzeptanz der hannoverschen Bevölkerung für das gesamte Kunstprogramm zeigte. Das Volk maulte und beschwerte sich. Früher habe es schönere Kunstwerke gegeben, warum keine Standbilder für berühmte Hannoveraner, Tierplastiken oder auch Kriegerdenkmäler aufgestellt würden? Damit konnte man wenigstens etwas anfangen. Und dann kamen auch noch die Nanas, das war der Gipfel!

Am 3. Februar 1974 rollte ein Schwertransporter über das Leibnizufer und setzte in der Nähe der Marstallbrücke (heute Martin-Neuffer-Brücke) drei riesige Holzkäfige ab. Aus den Käfigen herausgehoben und am umgestalteten Leineufer auf eigens dafür angefertigte Betonsockel gesetzt wurden drei grellfarbig bemalte Skulpturen. Verblüffung, Staunen, Schimpfen und lautes Schreien – so die Reaktionen der anwesenden Menschen. Der damalige Leiter des Kunstvereins Helmut R. Leppin versuchte das Chaos zu ordnen und fühlte sich verantwortlich für den Ehrengast, die anwesende Künstlerin Niki de Saint Phalle.

Flohmarkt an der Mauer des Leineufers 1970.

Ihre Deutschkenntnisse reichten glücklicherweise nicht aus, um alle Schmähungen zu verstehen. Allerdings folgte man dem Vorschlag der Künstlerin, die Skulpturen nach bekannten Hannoveranerinnen zu benennen. In der Mitte stand eine fröhlich tanzende Barockfürstin, Kurfürstin „Sophie". Die sehr füllige, ausladende Gestalt war „Charlotte", die Muse aus Goethes „Leiden des jungen Werthers", Charlotte Kestner geb. Buff, Mutter von 12 Kindern. Die grüne auf dem Kopf stehende Figur wurde „Caroline" getauft, nach der Astronomin Caroline Herschel. Sie war in England Hofastronomin in einer Zeit, als nur wenige Menschen lesen, schreiben oder rechnen konnten.
Der Streit endete nicht. Die Freunde und die Gegner der Nanas feindeten sich weiterhin unerbittlich an. Empörte Briefe an die Presse wurden geschrieben, Aufkleber und Flugblätter verteilt, Graffiti verunstalteten die Sockel und sogar sportliche Aktionen wie ein zum Glück unentschiedenes Tauziehen der Gegner fanden statt.
Die Figuren blieben. Man nahm sie hin, man gewöhnte sich an sie. Touristen kamen und ließen sich unter dem ausladenden Busen der einen oder anderen fotografieren. Postkarten mit ihrem Motiv verließen Hannover. Vielleicht waren sie doch nicht so schlecht? Sie wurden akzeptiert, dann auch gemocht, schließlich geliebt – als Repräsentantinnen einer bunten, weltoffenen Stadt. Als die Figuren Jahrzehnte später zu verfallen drohten, wurde reichlich für die Erhaltung gespendet. Inzwischen liebt Hannover seine Nanas.
Am Leineufer zwischen Marstallbrücke und Schlossbrücke und auf der gegenüberliegenden Seite des Flusses fand seit 1972 regelmäßig samstags zwischen 7.00 und 16.00 Uhr der Flohmarkt statt. Die Tradition wurde von Mike Gehrke begründet. Er setzte fort, was Reinhard Schamuhn, Aktionskünstler und später Leiter

des Theaters in Uelzen, am 8. April 1967 zum ersten Mal veranstaltet hatte – einen Trödelmarkt. Nach Pariser Vorbild fand auf dem Holzmarkt der erste Flohmarkt in der Bundesrepublik Deutschland statt. Die Märkte waren fröhliche Veranstaltungen, Jung und Alt hatten Speicher und Keller entrümpelt, nahmen eine Decke, einen Campingtisch oder, schon fast professionell, einen Tapetentisch und boten Überflüssiges und Nützliches feil. Auch die Autorin hat am Leineufer gestanden. Am schönsten war das Handeln, irgendwie hat man sich auf einen Preis geeinigt, wobei es keine Verlierer gab. Nachdem sich immer mehr Anbieter und auch professionelle Händler einfanden, wurden Regeln festgelegt und auf Schildern zu beiden Seiten des Markts als „Flohmarktgrenze" aufgestellt. Nach wie vor erfreut sich der Flohmarkt großer Beliebtheit, überall ist Gedränge.

Mike Gehrkes war ein umtriebiger Mensch, und als er am 3. Juni 2004 plötzlich mit nur 60 Jahren starb, war die Trauer in Hannover groß. 1966 war er Mitbegründer des legendären Jazzclubs am Lin-

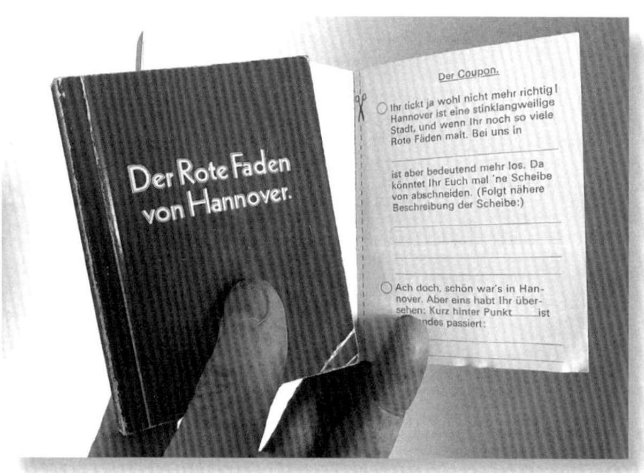

Der erste „Rote Faden" mit dem Text von Harry Rowohlt 1971.

dener Berg, zwei Jahre später dessen Vorsitzender. Der Jazzclub organisiert seit 1967 jährlich das Jazzfestival „Swinging Hannover", das im ersten Jahr mit einem Konzert vor dem Opernhaus begann. Nach wie vor findet der Auftakt am Abend vor Christi Himmelfahrt mit einem Konzert im Kuppelsaal, dem Jazzbandball, heute der „Jazz Night" statt. Der „Jazz auf dem Trammplatz" vor dem Neuen Rathaus folgt am Himmelfahrtstag. Die Stimmung bei der Veranstaltung ist gut und mit fünf oder auch sechs internationalen Bands ein Hörgenuss, sogar unterm Regenschirm! Zum Gedenken an Mike Gehrkes trägt die Promenade am Leineufer seit 2005 seinen Namen.

Eine weitere Idee im Zusammenhang mit dem Altstadtfest war „Der Rote Faden von Hannover", ein Stadtführer zur Selbsterkundung, zu Beginn ein rotes Heftchen im Westentaschenformat. Konzeptkünstler haben sich mit Ideen beteiligt, Harry Rowohlt schrieb am Text der ersten Ausgabe mit. Sie beginnt mit dem Kapitel „0. Die Gebrauchsanleitung". Daraus stammt folgendes Zitat: „Dies ist beileibe nicht der erste Rote Faden, den man sich für Hannover ausgedacht hat, aber es ist der erste, den man sehen kann. Wir haben ihn ziemlich breit angelegt, damit Sie ihn nicht aus den Augen verlieren." Die rote, auf das Pflaster gemalte Linie gibt es noch und wenn man an ihr entlanggeht, findet man anhand der Nummern vor den Sehenswürdigkeiten die passende Erklärung in dem Büchlein. Mit den Jahren ist der Rote Faden gewachsen, sowohl von der Länge her wie auch vom Format, nun auf A5. Hinten im Büchlein findet sich kein „Coupon" mehr, auf dem man seine Meinung kundtun und an die Stadt schicken kann. Damals, im ersten Text von Harry Rowohlt hingegen las man: „Ihr tickt ja wohl nicht mehr richtig! Hannover ist eine stinklangweilige Stadt, und wenn Ihr noch so viele Rote Fäden malt. Bei uns in .... ist aber bedeutend mehr los. Da könnt Ihr Euch mal 'ne Scheibe von abschneiden."

Eine Wohnung in der List

Bei einer Fete zu Beginn des Wintersemesters 1974/75 haben sie sich zum ersten Mal gesehen. Eigentlich war es ein misslungener Abend. Gisela war mit ihrer Freundin hingegangen, aber sie hatten sich im Gedränge verloren. Sie stand plötzlich in einem Pulk von Leuten einem Studenten gegenüber. Eine Weile sahen sie sich an, zum Reden war es viel zu laut. Als sich das Gedränge auflöste, ging sie leicht beleidigt nach Hause. Nach ein paar Wochen liefen sie sich in der Unibibliothek im Lesesaal Erziehungswissenschaften über den Weg und er sprach sie an. Jetzt wirkte er ganz nett. Gisela erfuhr, dass er Dietmar heißt, ein Gespräch entwickelte sich und endete mit der Verabredung zu einem Kinoabend. Wie er später gestand, hatten er und seine Freundin sich getrennt, er war offen für Neues. Sie trafen sich öfter und waren ziemlich verliebt.

Gisela wohnte „möbliert" bei einer älteren Witwe, die ein Zimmer ihrer großen Wohnung vermietete. Sie hatte ein Dach über dem Kopf, zum Glück. Es war schwierig gewesen, eine Bleibe zu finden. Herrenbesuch nur bis 22.00 Uhr war die Regel und eine halbe Stunde vorher gab es ein Türklopfen zur Erinnerung. Küchenbenutzung war erlaubt, eine kleiner Schrank und ein Fach im Kühlschrank standen ihr zu. Auch das Bad teilte man sich, allerdings musste sie für eigenes Toilettenpapier sorgen. Dietmar hatte ein Zimmer in einem christlichen Studentenheim. Als Gisela dort einmal morgens auf dem falschen Flur erwischt worden war, wurde mit Rauswurf gedroht.

Eine gemeinsame Wohnung zu finden, stellte sich als schier unüberwindliches Hindernis heraus. Man ging freitags zum Kiosk im Hauptbahnhof, um gegen Mitternacht die Samstagsausgabe der Lokalzeitung zu kaufen, und sah die Wohnungsangebote

In der List 1975.

durch. Ausgerüstet mit einem ganzen Sack voller 10-Pfennig-Münzen – ein Ortsgespräch kostete 20 Pfennige – musste man morgens schnell an der nächsten Telefonzelle sein. Meistens ertönte trotz mehrmaliger Versuche nur das Besetztzeichen oder man erfuhr, dass das Objekt bereits vermietet war. In seltenen Fällen gab es einen Besichtigungstermin, das war's. Als sie die Hoffnung fast aufgegeben hatten, kam der Erfolg.

Sie führten ein nettes Telefonat mit der Verwalterin eines Hauses in einer Querstraße der Ferdinand-Wallbrecht-Straße. Diese Straßen des Gründerzeitviertels tragen martialische Namen. Sie heißen Husarenstraße, Dragonerstraße, Kriegerstraße oder waren nach hohen Militärs des deutsch-französischen Krieges 1870/71 benannt worden.

Die angebotene Wohnung war riesig: 120 qm, 360 cm Deckenhöhe mit Stuckresten, ein breiter, langer Flur in der Mitte. Die vier Zimmer waren durch Türen oder Schiebetüren miteinander verbunden. Der erste Eingang neben der Haustür führte in die große Küche mit Speisekammer, hinter der zweiten schmalen Tür befand sich ein winziges, von der Speisekammer abgetrenntes Bad mit einem alten Badeofen. In allen Räumen standen Kohleöfen. Die Wohnung war preiswert.

Nach dem Tod der letzten Bewohnerin, die hier mehrere Jahrzehnte gewohnt hatte, war sie in einem üblen Zustand. Die Erbengemeinschaft, der das Gebäude gehörte, war an einer Modernisierung nicht interessiert, Geld ließ sich auch so verdienen. Auf die Frage nach dem Familienstand antworteten Gisela und Dietmar mit „verlobt“. Die zweite Frage nach dem Hochzeitstermin wurde vage mit der Auskunft „Wir werden in der nächsten Zeit das Aufgebot bestellen“ beantwortet. Die Verwalterin reagierte wie befürchtet, der Vertrag sollte erst geschlossen werden, wenn der Hochzeitstermin feststand und drei Monatsmieten waren im Voraus zu zahlen.

Die beiden borgten sich das Geld zusammen, zogen ein, holten Möbel vom Sperrmüll, aus Haushaltsauflösungen oder beim Altmöbelhändler. Die berühmten Apfelsinenkisten gab es auch. Von nun an lebten sie auf einer Baustelle und werkelten in jeder freien Minute. Die Infrastruktur war ausgezeichnet, in der Nähe gab es einen Eisenwarenladen, wo man Nägel, Schrauben oder andere dringend benötigte Dinge schnell besorgen konnte. Alles gab es einzeln zu kaufen und nicht zu 100 Stück verpackt. Ein Kiosk bot morgens frische Brötchen an und man konnte die Zeitung im Abholabonnement bekommen, das war billiger als die Zustellung. Milch wurde in einem kleinen Kolonialwarenladen in die mitgebrachte Kanne abgefüllt. Schnell war bekannt, welche anderen Milchprodukte man ebenfalls gerne mochte.

Ein Blick in das Bad in der Lister Wohnung.

Geheiratet wurde auch. Als sie nach der wenig feierlichen, standesamtlichen Trauung schlichte Karten mit „Wir haben geheiratet“ verschickten, war die häufig gestellte Frage: „Musstet ihr heiraten?“ Nein, sie mussten nicht, kein Nachwuchs war unterwegs. „Ihr habt doch das Studium noch gar nicht abgeschlossen“ wurde öfter angemerkt. Gisela und Dietmar haben über ihren Entschluss nicht lange nachgedacht und sind immer noch glücklich verheiratet.

Was sie nicht einkalkuliert, sondern falsch eingeschätzt hatten, war die Arbeit des Heizens. Kohlen, Briketts und Holz mussten bestellt, im Keller gestapelt und eimerweise in den 2. Stock getragen werden. Die Öfen zu reinigen war eine staubige Angelegenheit, das Runterbringen der Asche ebenso, auf jeder Mülltonne vor dem Haus stand „Keine heiße Asche einfüllen“, es durfte nicht aus der Tonne qualmen! Schön anzusehen hingegen waren im Winter die Eisblumen an den Fenstern, sie ließen sich am besten betrachten, wenn man selbst unter der warmen Bettdecke lag.

Yvonne Georgi - die Meisterschülerin

Anlässlich der Einweihung des Neubaus der Hochschule für Musik und Theater am Neuen Haus am 1. April 1973 übernahm das Land Niedersachsen deren alleinige Trägerschaft. Der Titel Hochschule war ihr zum 1. April 1957 zuerkannt worden. Als Lehrende an dieser Institution trug Yvonne Georgi nun den Titel Professor. Sie hatte 1959 an der Akademie für Musik und Theater, so der damalige Name, die Ballettabteilung ins Leben gerufen und wurde ihre Leiterin. 1973 gab sie den Posten weiter an ihre Nachfolgerin Hildegunde Eplinius.

Yvonne Georgi war 1951 aus den USA, wohin sie 1939 emigriert war, nach Deutschland zurückgekehrt. Sie kam 1954 nach Hannover und bekleidete das Amt, das sie bereits von 1926 bis 1931 innegehabt hatte, sie wurde Ballettdirektorin an den städtischen Bühnen. Seinerzeit baute sie ein Tanzzentrum auf und holte berühmte Tänzerinnen und Tänzer in die Leinestadt. Harald Kreuzberg, der Solotänzer der Deutschen Oper Berlin, war darunter. Mit ihm machte sie monatelange Tourneereisen durch die USA.

Als Tochter eines Augenarztes und einer mehr als zwanzig Jahre jüngeren Französin aus Algier wurde sie 1903 in Leipzig geboren. Sie wuchs in einem musikinteressierten Elternhaus auf, sagte aber von sich, sie brauche nicht nur akustische, sondern auch visuelle Eindrücke. Ihren Wunsch, Tänzerin werden zu wollen, lehnten die Eltern entschieden ab. Sie sollte eine ordentliche Ausbildung absolvieren. Widerstrebend beugte sie sich der Entscheidung und begann als fügsame Tochter eine Ausbildung zur Bibliothekarin an der Deutschen Bücherei in Leipzig.

Wie es ihr gelungen ist, die Eltern zu überreden, sich beim Tanzpädagogen Émile Jacques Dalcroze in Hellerau bei Dresden anmelden zu dürfen, das weiß wohl nur sie. Ihr Lehrer, bei dem sie das Examen als Rhythmiklehrerin ablegte, war von der Reformbewegung beeinflusst und hatte bei Rudolf von Laban am Monte Verità, oberhalb von Ascona, den Zusammenhang zwischen Musik, Rhythmik und tänzerischem Ausdruck studiert. So war es folgerichtig, dass ihre zweite Lehrerin die in Hannover geborene Mary Wigman wurde, die ebenfalls sowohl in Hellerau wie auch

Yvonne Georgi als Tänzerin, 1931.

am Monte Verità ausgebildet worden war. Die Begründerin des modernen Ausdruckstanzes oder Modern Dance leitete in Dresden eine eigene Tanzschule. Yvonne Georgi lernte, neben der technisch ausgefeilten Beherrschung des Körpers, die, wie sie später sagte „Tiefe des Empfindens und des Ausdrucks“, die in Bewegung umgesetzt wurde. Sie war Meisterschülerin bei Mary Wigman, mit der sie bis zu deren Tod eine enge Freundschaft verband.
Aber Georgi stellte für sich fest, dass ihr als Tänzerin der freie Tanz nicht ausreichte, er war ihr zu einseitig. So durchlief sie im Alter von fast dreißig Jahren, nach landläufiger Meinung viel zu alt für eine Tänzerin, eine klassische Ballettausbildung. Zwei alte russische Damen unterrichteten sie. Beide Tanzrichtungen hat Yvonne Georgi später als Choreografin in Hannover perfekt in ihren Arbeiten kombiniert. Ihr Ballettensemble tanzte bei Opern- und Operettenaufführungen, aber sie führte auch abendfüllende Tanzveranstaltungen durch. Von 1954 bis 1970 entwickelte sich Hannover zu einer nicht nur deutschlandweit, sondern auch international beachteten Ballettstadt. Das Theater war immer ausverkauft. Mit ihrem Ensemble ging sie im In- und Ausland auf Tourneen, auch in Monte Carlo und Rom wurde ihre Truppe stürmisch gefeiert.
Den von Yvonne Georgi mit liebevoller Strenge ausgebildeten Tänzerinnen und Tänzern eröffnete sie Chancen in ihrer Compagnie, empfahl sie aber auch an andere Theater und unterstützte ihre Karriere, wo sie nur konnte. Ihre Offenheit und Fürsorge dehnte sich in den privaten Bereich aus, regelmäßig waren ihre Schülerinnen und Schüler zu Gast in ihrer Wohnung in Herrenhausen. Mit einer hochqualifizierten Balletttruppe wurden im Ballhof auf der kleinen Bühne Kammerballette aufgeführt, auf der Opernbühne die großen Handlungsballette.

Yvonne Georgi, die 1932 in Holland den Musikwissenschaftler, Dirigenten und Zeitungsredakteur Louis M. G. Arntzenius geheiratet hatte, lernte durch ihren Mann moderne Musik besser kennen. So verwundert es nicht, dass im Ballhof in Hannover im Januar 1957 das erste Ballett nach elektronischer Musik aufgeführt wurde, ein aufsehenerregendes Ereignis. Das, wie es hieß, „elektronische Ballett" war eine Komposition von Henk Badings, Entwurf und Choreografie stammten von Yvonne Georgi. Im Oktober 1958 folgte, ebenfalls im Ballhof, die Uraufführung von Henk Bandings „Evolutionen". 1961 stand dieses Stück nochmals auf dem Spielplan. Im Alter von 70 Jahren, da war sie offiziell im Ruhestand und machte nur noch Gastchoreografien, feierte Yvonne Georgi ein letztes Mal eine Uraufführung im Opernhaus, bejubelt von Publikum und Presse. „Skorpions" nach der Musik von Morton Gould, Komponist für Broadwaystücke und Filmmusik, war ein folkloristisches Show- und Jazzballett.
Nicht nur auf der Theaterbühne, auch draußen im Freien präsentierte Yvonne Georgi ihre Choreografien. Zwischen 1959 und 1967 wurde der Große Garten in Herrenhausen mit den „Königlichen Spielen" bespielt. Das Wiederaufleben von Gärten als Kulturstätten war eine Anknüpfung an die Barockzeit, als die Höfe mit Musik, Tanz, Wasserspielen und Feuerwerk ihre Gärten für Festveranstaltungen nutzten. Repräsentation und Wetteifern zwischen den Adelshäusern ruinierten zwar die Finanzen, erreichten aber eine entsprechende Wahrnehmung in der Öffentlichkeit. Die Gartenanlagen in Herrenhausen waren von den Bomben des Zweiten Weltkriegs nicht verschont geblieben und das Schloss, am 18. Oktober 1943 getroffen von einer Brandbombe, sank in Schutt und Asche. 1961 kaufte die Stadt Hannover das Trümmergrundstück mit der erhaltenen Mauer des Ehrenhofs und den intakten Nebengebäuden von der Welfenfa-

milie. Der Barockgarten war bereits seit 1936 städtischer Besitz. Hier wurden in der Kriegszeit und in den Jahren danach Obst und Gemüse für die hungernde Stadtbevölkerung angebaut.
Auf Initiative des Leiters des „Amtes für Verkehrsförderung“ gab es „Königliche Spiele“, Sommertheater in Form von Ballettaufführungen. Unter dem Titel „Tänzer, Wasser und Feuer“ fanden vom 15. bis 25. August 1959 erstmals die Aufführungen statt, ein großes Ereignis zum 200. Todesjahr des hannoverschen Kapellmeisters und Komponisten Georg Friedrich Händel. In der Choreografie von Yvonne Georgi und dem Ballettmeister des Landestheaters Hannover, Imre Keres, tanzten im großen Parterre, dessen Mittelpunkt die Glockenfontäne bildet, 150 Tänzerinnen und Tänzer der Oper nach der Wassermusik von Händel. Illuminierte Wasserspiele und Hecken bildeten die Kulisse für die in weißen Barockkostümen Auftretenden. Vor dem Finale mit 120 Fackelträgern trabten 12 kostümierte Reiter herein. Den Abschluss bildete ein Feuerwerk, untermalt mit Händels Feuerwerksmusik.
Das hannoversche Ballett bespielte die größte Bühne der Welt, so hieß es damals, es waren die 30.000 Quadratmeter des großen Parterres. Kleine Pflanzen und Blumen wuchsen nur am Rande. Fast 40.000 Zuschauer haben in neun Aufführungen die Darbietungen gesehen. Geplant waren ursprünglich zehn Abende, aber die Premiere am 15. August fiel buchstäblich ins Wasser. Wegen Dauerregens wurde sie auf den 16. verschoben. Die letzte Vorführung am 25. August besuchte sogar das griechische Königspaar.
Ab 1963 inszenierte Yvonne Georgi die „Königlichen Spiele“ unter dem Motto „Die Jahreszeiten“. Nach Musik von Georg Phillip Telemann, Henry Purcell und Arcangelo Purcelli tanzten 120 Tänzerinnen und Tänzer Symbole der jeweiligen Jahreszeiten.

Diesmal sah man nicht nur Reiter, sondern auch Hofkutschen, die der Prinz von Hannover zur Verfügung gestellt hatte. „Spiel der Elemente" war der Titel der Spiele 1966, das 300-jährige Jubiläum des Gartens wurde gefeiert. Erde, Wasser, Luft und Feuer nach Musik alter Meister wurde auf dem Rasen im Ehrenhof gezeigt, denn im Großen Parterre gab es nun wieder Blumenornamente. Ein Jahr später wurde die Inszenierung wiederholt. Krönender Abschluss aller „Königlichen Spiele" war ein Feuerwerk nach barockem Vorbild.

Der Große Garten ist in den Sommermonaten nach wie vor Bühne. „Das kleine Fest im Großen Garten", wenn an verschiedenen Stellen künstlerische Darbietungen gezeigt werden, erfreut sich großer Beliebtheit. Die Pyrotechniker dürfen beim internationalen Feuerwerkswettbewerb an fünf Terminen all ihr Können zeigen.

Am 25. Januar 1975 starb Yvonne Georgi, eine Tochter der Stadt, wie sie in einer Laudatio zu ihrem 65. Geburtstag genannt wurde. In seiner Trauerrede würdigte der Direktor der Hochschule für Musik und Theater, Prof. Dr. Richard Jacoby, sie als eine der größten Künstlerinnen ihrer Zeit und ein „Geschenk für Hannover und für uns". Einen Barockschrank in dem sie Kostüme, Skizzen und Entwürfe ihrer Choreografien wie auch Kritiken aufbewahrte, vermachte sie samt Inhalt dem Theatermuseum. Hannover besitzt damit einen Teil ihres künstlerischen Nachlasses. Die Verbindung zwischen Hildesheimer Straße und dem Haupteingang des Stadtfriedhofs Engesohde trägt den Namen Yvonne-Georgi-Allee. Auf diesem Friedhof wurde Yvonne Georgi bestattet. Zu Lebzeiten mit Applaus, Würdigungen und Ehren gefeiert, machte die Stadt Hannover ihre Grabstätte zu einem Ehrengrab.

Das rote Hannover und der Punkt

Dass Hannover den Stempel einer „roten Hochburg“ bekam, lag nicht daran, dass am 26. Januar 1972 Herbert Schmalstieg, SPD-Mitglied, zum ehrenamtlichen Oberbürgermeister gewählt wurde. Er war auch nicht der erste „rote“ Oberbürgermeister, denn zwischen 1918 und 1924 hatte Robert Leinert dieses Amt inne gehabt. Schmalstieg war bei seiner Wahl erst 28 Jahre alt und damit der jüngste Oberbürgermeister einer Großstadt in der Bundesrepublik Deutschland. Später wurde er auch der Oberbürgermeister, der die längste Zeit ohne Unterbrechung im Amt war, nämlich 34 Jahre lang, bis 2006. Damals hatte der ehrenamtliche Oberbürgermeister die Aufgabe, die Stadt zu repräsentieren, die Verwaltung unterstand dem Stadtdirektor.

Der Titel „rote Hochburg“ hatte mit einem roten Punkt zu tun, der nur sieben Zentimeter Durchmesser hatte, aber im Juni 1969 für Schlagzeilen bis in die überregionale Presse sorgte. Die ÜSTRA, Überlandwerke und Straßenbahnen Hannover AG, so der Name seit der Gründung 1921, kündigten zum 1. Juni 1969 eine drastische Erhöhung der Straßenbahntarife an. Statt 70 sollten nun 80 Pfennige für die Einzelfahrt bezahlt werden, Sammelkarten verteuerten sich von 50 auf 67 Pfennige. Das war zu viel und ungerechtfertigt, so die Mehrheitsmeinung. Statt einer Verbesserung der Leistung regelmäßige Preiserhöhungen! Der schlechte Service stieß schon länger auf Kritik, übervolle Bahnen und Busse, die einfach zu selten fuhren. So kam es eine Woche später, am 7. Juni, zu den ersten Demonstrationen mit 300 Teilnehmern, die zum Bahnhof gingen und sich auf die Schienen setzten. Am Abend war die Zahl auf 1000 angewachsen.

Begonnen hatte alles im club voltaire, der 1968 durch die TU-Professoren Peter Brückner und Peter von Oertzen sowie Her-

bert Schmalstieg, damals noch nicht Oberbürgermeister, und den Kabarettisten Dietrich Kittner gegründet worden war. Man traf sich regelmäßig in der Kellerkneipe in der Nikolaistraße 11. Es wurde viel diskutiert, eigene und fremde Meinungen akzeptiert. Hier wurden Aktionen, Streiks, sogenannte „Sit-Ins“ und Demonstrationen geplant. An der Rote-Punkt-Aktion beteiligten sich viele Gruppen, angefangen von der evangelischen Studentengemeinde, dem ASTA der Technischen Universität, dem „SDS“ (Sozialistischer Deutscher Studentenbund) und dem der SPD nahestehenden „Sozialdemokratischen Hochschulbund“, der sich ab 1972 „Sozialistischer Hochschulbund“ nannte. Aber auch Schülerorganisationen, Lehrlings- und Arbeitergruppen, die „APO“ (Außerparlamentarische Opposition) sowie kommunistische und antifaschistische Gruppen waren darunter.
Bald klebten die ersten Farbpunkte an Windschutzscheiben, es musste unentwegt nachgedruckt werden. Als den Tageszeitungen die Punkte praktischerweise gleich beigelegt wurden, stei-

Demonstration gegen Fahrpreiserhöhungen in Hannover 1975.

gerte das die Dynamik des Geschehens und damit auch der Eskalation. Demonstrationen und Kundgebungen mit manchmal bis zu 7000 Personen fanden statt, die Polizei reagierte darauf mit Gewalt, sie setzte Schlagstöcke, Tränengas und Wasserwerfer ein. Aber hier ging es um eine Sache, die alle anging, und viele Bürgerinnen und Bürger zeigten Solidarität. Sie versorgten die Aktivisten mit Getränken und heißen Würstchen, eine Wurstfabrik verteilte Sandwiches. Defekte Autos wurden schnell von Mechanikern repariert. Und auch Polizeibeamte zeigten jetzt Milde. Die ÜSTRA gehörte damals zum Energieversorgungskonzern Preußen Elektra, der den öffentlichen Nahverkehr in Hannover betrieb. Dieses große Unternehmen wollte man nicht unterstützen.
Nach ein paar Tagen waren es etwa 90.000 Autofahrer, die Plätze in ihren Fahrzeugen anboten. Der gesamte öffentliche Nahverkehr kam zu Erliegen, er wurde offiziell eingestellt. Bereits um 5.30 Uhr ging es los, damit diejenigen, die zur Frühschicht wollten, pünktlich ankamen. Die Aktion dauerte bis zum späten Abend, damit auch alle wohlbehalten nach Hause gelangten. An den Haltestellen warteten Ordner auf die ankommenden PKWs und erfragten das Fahrtziel und die Anzahl der verfügbaren Plätze. Das Ergebnis wurde über Megaphon ausgerufen und schnell verteilten sich die Wartenden auf die Autos.
Nach elf Tagen sah sich die Stadtspitze genötigt zu reagieren. Sie bot mehr an als nur die geforderte Beibehaltung der alten Fahrpreise. Ein 50-Pfennig-Einheitstarif wurde eingeführt. „Wir müssen ein völlig neues Demokratiegefühl entwickeln“, äußerte ein Rathaussprecher. Nach diesem einmaligen Erfolg aber änderte sich in der Zukunft nichts. Die nächste Fahrpreiserhöhung gab es ein Jahr später, diese (Un-)Sitte wird bis heute beibehalten. Rote-Punkt-Aktionen gab es noch mehrmals. 1975

demonstrierten 40.000 Menschen, aber der Erfolg von 1969 ließ sich nicht wiederholen. Der öffentliche Nahverkehr wurde nicht eingestellt, Demonstrationen mussten angemeldet werden, örtliche Kundgebungen wurden von Polizeibullis umstellt, Demonstrationszüge ordentlich begleitet, Zuwiderhandlungen wurden mit Strafanzeigen geahndet.
Aufgrund eines Ratsbeschlusses wurden 1970 die ÜSTRA nach Verkaufsverhandlungen mit der Preußen Elektra ausgegliedert und kommunalisiert.

Das Krümelmonster schlägt zu

Die kriminelle Tat ereignete sich am 21. Januar 2013: Der goldene Leibniz-Keks war verschwunden! Bemerkt haben es zuerst die Angestellten, die im Verwaltungsgebäude der Firma Bahlsen an der Podbielskistraße 5 arbeiteten. Sie reagierten mit Erstaunen, Ratlosigkeit und Fassungslosigkeit. Passanten blieben stehen, sahen ungläubig nach oben und noch mal. Sie konnten es nicht glauben. Ein Menschenauflauf entstand, man diskutierte, aber es blieb dabei. Der Keks war weg. So ganz einfach kann der Diebstahl nicht gewesen sein, der vergoldete Keks, immerhin zwanzig Kilo schwer, hing in stattlicher Höhe.
Der Keks gehört zu Bahlsen, ist sein Markenzeichen. Mehr als 100 Jahre lang war sein Platz in der Podbielskistraße 5. Hermann Bahlsen, der vorher in England gearbeitet hatte, übernahm 1889 von H. Schmückler das „Fabrikgeschäft englische Cakes und Biskuits“ in der Friesenstraße. Statt des meist trockenen, langweiligen Gebäcks hatte Bahlsen in England wohlschmeckende

Die Brezelmänner mit dem Leibniz-Keks – heute video-überwacht.

Dauerbackwaren, die Butterkekse, kennengelernt. Butter schien die zentrale Zutat zu sein. Mit Butter gebackene Kekse sollten sich doch auch in Deutschland verkaufen lassen! So wagte er den Schritt in die Selbstständigkeit. Seine Fabrik nannte er „Hannoversche Cakesfabrik H. Bahlsen“ und zog 1893 in das neue Fabrik- und Verwaltungsgebäude in der Celler Straße um, die 1904 in Podbielskistraße umbenannt wurde. Um 1910 hatte Georg Herting, ein damals in Hannover bekannter Künstler, die Brezelmänner mit dem goldenen Leibniz-Keks geschaffen. Nachdem der Keks verschwunden war, offensichtlich gestohlen, setzte der Firmenchef Werner Michael Bahlsen eine Belohnung in Höhe von 1000 Euro für die Wiederbeschaffung aus. Ein Erpresser, der sich in einem Bekennerschreiben „Krümelmonster“ nannte, adressierte seine Nachricht sowohl an die Firma Bahlsen wie auch an die Lokalzeitung. Bahlsen wurde aufgefordert, das Belohnungsgeld an das Tierheim in Krähenwinkel zahlen und das Kinderkrankenhaus auf der Bult mit Keksen zu beliefern. Die Druckpresse und alle anderen Medien wurden über alle Schritte des Erpressers informiert und der Fall erhielt bald schon deutschlandweit und international große Aufmerksamkeit. Wer kannte und liebte den Leibniz-Keks nicht? Sogar das „Krümelmonster aus der Sesamstraße" meldete sich mit einem Hilfsangebot über Twitter.

Das Unternehmen Bahlsen ließ in einer Pressekonferenz verlauten, dass man sich nicht erpressen lassen wolle. Es versprach aber, 52.000 Packungen Leibniz-Kekse an soziale Einrichtungen zu spenden. Eine symbolische Geste, schließlich hat der berühmte Keks 52 Zähne. Nun ging es ganz schnell. Genau vierzehn Tage nach dem Verschwinden des Kekses kündigte der Entführer „Krümelmonster" seine Rückgabe an. Tatsächlich tauchte der Keks wieder auf. Am 5. Februar baumelte er, versehen mit einer schönen, großen roten Schleife, um den Hals des Niedersachsenrosses vor dem Hauptgebäude der Leibniz Universität. Die polizeilichen Überprüfungen bestätigten die Identität des Kekses. Er hatte unter den Strapazen des Diebstahls – oder war es nur eine Entführung – sichtbar gelitten. Zerkratzt und verbogen war er. Das Landeskriminalamt versuchte Fingerabdrücke, Stoffreste und sogar DNA-Spuren nachzuweisen, leider ohne Erfolg.

Drei Tage nach der Rückgabe, am 8. Februar, bekräftigte die Firma Bahlsen das Versprechen der Keksspende. Gemeinnützige Organisationen konnten sich melden und sich um eine Kekszuwendung bewerben. Die Packungen sollten umgehend an die ausgelosten Einrichtungen verteilt werden. Sicherheitshalber hatte „Krümelmonster" Bahlsen tags zuvor daran erinnert. Am 14. Februar standen die 52 ausgelosten Spendenempfänger fest und wurden so schnell wie möglich beliefert. Die Staatsanwaltschaft Hannover stellte die Ermittlungen wegen Erpressung und Diebstahl ein. Sachbeschädigung hieß das Delikt, das nun verfolgt wurde. Im Mai 2013 allerdings stellte man auch diese Ermittlungen ein. Die Identität des Täters konnte nicht geklärt werden. Bis heute schlummert der nicht aufgeklärte Fall in den Akten. Am 11. Juli wurde der Keks in einer Feierstunde wieder angebracht, nun überwacht von einer Kamera.

Das „wirkliche Krümelmonster“ wollte mit dem Fall Leibniz-Keks und dem Entführer nichts zu tun haben. Die Produzenten der „Sesamstraße“ veröffentlichten deshalb über Twitter eine Mitteilung, in der sie eine Beteiligung im Fall „Leibniz-Keks“ entschieden von sich wiesen. Lange grassierte immer wieder das Gerücht, die Firma Bahlsen habe die Entführung zu Marketingzwecken inszeniert, was wiederum Bahlsen entschieden dementierte. Das Krümelmonster war inzwischen überall bekannt, sogar berühmt. Zum Faschingsfest 2013 gab es extra ein neues, modernes Kostüm. Nicht nur in Hannover waren viele große und kleine Krümelmonster unterwegs.

Der goldene Schriftzug für den Leibniz-Keks an der Fassade des Bahlsengebäudes, Podbielskistraße 5.

Welche Auswirkungen ein Keks mit 52 Zähnen haben konnte, erlebte der Hannoveraner Herbert bei seiner mündlichen Jägerprüfung. Die ihm gestellten Fragen konnte er alle beantworten, auch die nach der Anzahl der Zähne eines Rehs oder eines Wildschweins. Als aber der Prüfling gefragt wurde, welches Tier 52 Zähne habe, antwortete er nach einigem Zögern schlagfertig: „Der Leibniz-Keks." Es wurde herzlich gelacht und man gratulierte ihm zum bestandenen Examen.

Die gelbe Schule

Die gelbe Schule, wie sie genannt wurde, war die IGS (integrierte Gesamtschule) Roderbruch, weithin sichtbar durch die leuchtende, knallgelbe Farbe. Gegründet wurde sie im August 1973 als dritte Schule dieser Art in Hannover. Im gleichen Jahr begann zu Schuljahresbeginn der Unterricht an der IGS Mühlenberg und zwei Jahre vorher war die IGS Linden entstanden.
Der Roderbruch ist ein ehemaliges Moorgebiet, in dem man Ende des 18. Jahrhunderts begonnen hatte, Dämme als Verkehrswege aufzuschütten. Das Gebiet lag in der Nähe des Messeschnellwegs. Mit der Entscheidung für den Bau der Medizinischen Hochschule, Baubeginn 1962/63, wurde Ende des Jahrzehnts mit der Entwicklung eines neuen Siedlungsgebietes in der Umgebung begonnen. Es entstanden Bungalows mit kleinen Gärten und in höheren Gebäuden gut ausgestattete Wohnungen für die Mitarbeiterinnen und Mitarbeiter der Hochschule und des angeschlossenen Krankenhauses. Besonders beliebt war die seinerzeit modern werdende Maisonette. Dieser über zwei Etagen reichende Wohnungstyp verfügte über eine eigene

innenliegende Treppe. Typisch für die Zeit waren aber auch gleich gestaltete, dicht an dicht stehenden Hochhäuser mit bis zu neunzehn Geschossen, die nur durch die große Hausnummer am Eingang zu unterscheiden waren. Der 1980 angelegte Roderbruchmarkt mit einem Wochenmarkt ist der Mittelpunkt des Viertels und der Beginn einer Einkaufsstraße mit Bank und Post. Auch die 1981 gebaute evangelische Dietrich-Bonhoeffer-Kirche mit ihrem Gemeindezentrum liegt hier.

Der Stadtteil entwickelte sich weiter. So entstand bei der Medizinischen Hochschule im Laufe der 1980er-Jahre der Medical Park mit verschiedenen Firmen und wissenschaftlichen Einrichtungen. Die TUI verlegte ihre Konzernzentrale nach Hannover in neu gebaute oder zugekaufte Gebäude im Roderbruch. Vorwiegend auf der dem Wohnviertel gegenüberliegenden Straßenseite entstanden Bürogebäude, ließen sich Versicherungen nieder und wurden Hotels gebaut. Aber nachdem die ursprüngliche Bewohnerschaft nach und nach ins Umland von Hannover gezogen war, entwickelte sich der Roderbruch zum Problemviertel.

Die IGS Roderbruch im Jahr 2023.

Dennoch wird inzwischen die Umsetzung des stadtplanerischen Zieles der Annäherung von Wohnen und Arbeiten als positiv bewertet.

Die neue Schule deckte von Anfang an alle Stufen von der Grundschule ab erster Klasse bis zum 13. Jahrgang der gymnasialen Oberstufe ab. Unterricht in den einzelnen Jahrgangsstufen wurde allen Kindern gemeinsam erteilt, erst später fanden in einigen Kern- und Wahlfächern Differenzierungen in leistungsstarke oder schwächere Schüler durch A- und B-Kurse statt. Die IGS war Regelschule für den umliegenden Stadtteil, aber sie stand auch Kindern aus anderen Gegenden offen. Die Ganztagsschule mit einer Mensa für die Mittagsmahlzeit kam berufstätigen Eltern sehr entgegen.

Die Schule bot verschiedene Arbeitsgemeinschaften an. So berichtet Gerrit, ein ehemaliger Schüler, der am Ende der 1980er-Jahre die Sekundarstufe besuchte, von einer AG Biosk. Die Mitarbeit in der von einer Lehrerin betreuten AG begann am

Eingang zur Stadtbücherei der IGS Roderbruch 2023.

Dienstag mit einem Einkauf auf dem Wochenmarkt. In der schuleigenen Küche wurden Gemüsespieße, aber auch Vollkornbrot mit Aufstrich zubereitet. Am Mittwoch fand in den zwei großen Pausen in der Schulstraße im Hauptgebäude, geregelt durch den entsprechenden Dienstplan, der Verkauf in einem Holzhäuschen mit Fensterläden, dem Biosk, statt. Die gesunden Kleinigkeiten erfreuten sich großer Beliebtheit und waren regelmäßig schnell ausverkauft. Gemüseabfälle wie Kohlrabischalen oder Möhrenabschnitte durften für Kaninchen oder Meerschweinchen mit nach Hause genommen werden.

Für manche Eltern taten sich allerdings unerwartete Probleme auf. Der Umgang zwischen Lehrkräften und Schülerinnen und Schülern in der Schule war locker, man duzte sich. Was tun beim ersten Elternsprechtag? Die Frage von Mutter oder Vater nach den Namen der Lehrkräfte wurde besonders von den jüngeren Kindern mit „es ist die Inge“ oder „der Dieter“ beantwortet. Wie nun den Raum finden, in dem eine Inge oder ein Dieter anzutreffen sein könnte? Während der Dialog zwischen Lehrkraft und den mitgekommenen Kindern reibungslos verlief, war manches Gespräch unter den Erwachsenen mindestens zu Beginn etwas verkrampft, denn das mit dem Duzen konnte schwierig werden. Als die Schule 1973 nach neuesten pädagogischen Erkenntnissen gegründet worden war, gab es vielfach beim Thema Schule die Vorstellung von einer anderen Form von Autorität. Diese war nun zumindest äußerlich aufgehoben.

Die in der Schule gelegene Stadt- und Schulbibliothek diente als Erholungsraum für die Pausen im Schulalltag. Sie richtete sich mit Einführungen in die Benutzung und verschiedenen Veranstaltungen rund ums Buch als wichtiger Treffpunkt an alle Menschen im Stadtteil. Das gleiche Ziel hatte das im Schulkomplex gelegene Jugendzentrum „Friedrich Lohmeyer“, benannt nach einem hannoverschen Widerstandskämpfer der NS-Zeit. Den Namen erhielt es 1979 und es wurde eine Gedenktafel angebracht. In der Begegnungsstätte für Mädchen und Jungen ab 13 Jahren werden Betreuungs- und Gesprächsangebote gemacht, aber auch Sport- und Freizeitaktivitäten angeboten. Die Schule besteht mit 13 Jahrgängen weiter fort und bietet verschiedene Abschlussmöglichkeiten.

Die Nebgen-Buden

Es war in der Zeit, als die Geschäfte montags bis freitags nur von 8.00 bis 18.00 Uhr und samstags bis höchstens 14.00 Uhr geöffnet waren. Berufstätige mussten sich beeilen, um nach Feierabend noch schnell das Nötigste einzukaufen. Der Familieneinkauf konnte nur am Samstag erledigt werden. Das war eine große Anstrengung. Die Mütter fertigten eine lange Liste an. Oft mussten die Kinder sie begleiten und im Supermarkt helfen, die Lebensmittel im Einkaufswagen zusammenzutragen. Es gab viel Gemaule, überall war es voll, Gedrängel und lange Schlangen bildeten sich an den Kassen. Endlich zu Hause angekommen, wurde der meist umfangreiche Einkauf verstaut. Aber natürlich gab es immer mal Dinge, die vergessen wurden. War kein Geschäft mehr geöffnet, brauchte man die Nebgen-Bude. Die Einheimischen kannten sie, die neu in die Leinestadt Zugezogenen lernten sie schnell kennen.
Joachim, der in einem kleinen Ort im Landkreis eine Ausbildung zum Tischler machte, wurde im September 1976 von seinem Meister zu einem sechswöchigen Praktikum in eine große Werkstatt in Hannover geschickt. Hier sollte er Erfahrungen mit dem

Ein Kiosk heute, im Wohngebiet in Misburg.

Bau von Büromöbeln, Regalen mit ausziehbaren Ablageflächen und Aktenschränken sammeln, das konnte er in seinem Ausbildungsbetrieb nicht lernen. Sein Chef sorgte für ein möbliertes Zimmer und in seiner Freizeit zog es Joachim unter Leute. Er war ein ausgezeichneter Handballer und fand auch in Hannover bald eine Möglichkeit, zu spielen. Dass er Linkshänder war, überraschte die gegnerische Mannschaft, seine Würfe kamen unerwartet. Nach seinem ersten erfolgreichen Spiel wurde gefeiert, aber dann gab es plötzlich keine Erdnüsse und kein Bier mehr und die Geschäfte waren geschlossen. Einer aus der Gruppe sagte: „Lass uns zur Nebgen-Bude gehen!" Joachim, der nicht wusste, was das war, wurde neugierig und ging mit.

Diese Kioske, die über fast 100 Jahre von mehreren Generationen der Familie Nebgen betrieben wurden, durften, wie auch Apotheken, Verkaufsstellen in Bahnhöfen oder Blumenläden, zu Sonderzeiten öffnen. Hier bekam man alles, nicht nur Erdnüsse, Salzstangen und Getränke. Es gab verpackte Wurstwaren,

Käse und Brot, natürlich verschiedene Süßigkeiten, oft auch Eis und vieles mehr. Alles das, was bis zum nächsten großen Einkauf mehr oder minder dringend benötigt werden konnte.
Es begann 1892, als Carl Nebgen von zwei amerikanischen Brüdern in Köln 100 hölzerne Pavillons übernahm, in denen er Limonade und Sodawasser verkaufte. Kurz darauf gründete er die hannoversche Niederlassung. Die Getränke wurden in einer eigenen Fabrik hergestellt und am Engelbosteler Damm wur-

Im Unternehmen Nebgen wurde eine Klickerflasche verwendet, die dieser englischen ähnlich sah.

de die Firmenzentrale „Carl Nebgen – Mineralwasserfabrik mit Trinkhallenbetrieb" eröffnet. Das Geniale an den von Nebgen verwendeten Klicker- oder Kugelflaschen war, dass sprudelnde Getränke nichts von ihrer Frische verloren. Eine gegen einen Gummiring im Flaschenhals gepresste Glaskugel machte das möglich. Man kaufte „Klickerwasser" und alle wussten, was gemeint war.

Zu Beginn der 1970er-Jahre gab es 80 moderne, große Kioske in der Stadt und der Umsatz lag im Millionenbereich. Das Warenangebot war inzwischen erheblich ausgebaut worden und das Geschäft florierte. 1979 aber kam der Absturz und die „Nebgen-Verwaltungs GmbH" meldete Konkurs an.

Mithilfe einer Auffanggesellschaft rettete man zwar 26 Nebgen-Buden, aber 1987, mit dem Tod von Carl Günther Nebgen, dem Enkel des Firmengründers, war die Firma zahlungsunfähig und musste endgültig aufgeben. Eine hannoversche Institution, die „Nebgen-Buden", verschwand und viele trauerten ihnen nach.

Inzwischen haben die Supermärkte lange Öffnungszeiten und Einkaufen fast rund um die Uhr ist keine Seltenheit mehr. Trotzdem gibt es nach wie vor oder wieder Kioske wie die „Spätis" mit einem großen Warenangebot, nicht weit von der eigenen Wohnung entfernt. Nicht zu vergessen die Tankstellen mit ihren Shops, die lukrativer sein können als ihr Kerngeschäft, das Verkauf von Kraftstoff.

Telemax und Telemoritz

Als der Fernmeldeturm im April 1960 seinen Betrieb aufnahm, war er Hannovers höchstes Bauwerk und ragte mit der stolzen Höhe von 141 Metern in den Himmel. Ursprünglich sollte er neben der Hauptpost am Ernst-August-Platz errichtet werden, aus städtebaulichen Gründen wurde der Standort zwischen Raschplatz-Hochstraße und Bahnhof gewählt. Gebaut aus Stahlbeton, wirkte er trotz seiner Höhe fragil, was ihm den Spitznamen „Pusteblume" eintrug. Er wurde der Sendeturm des Fernmeldedienstes der Post, denn der Richtfunk mittels Radiowellen stieß an seine Grenzen. Der Selbstwähldienst für das Telefon, damals Fernsprecher genannt, nahm zu. Das Fräulein vom Amt war nur für besondere Fälle ansprechbar. Notwendig war eine Verstärkung der Sendeleistung auch geworden, weil es neben Radio und dem ersten nun ein zweites Fernsehprogramm gab. 1992 wurden 50 Richtfunkantennen für 100.000 Fernsprech- und Datenübertragungskanäle genutzt, die Zahl der Fernsehprogramme betrug inzwischen 37. Damit hatte der Turm die Grenzen seiner Leistungsfähigkeit erreicht. Sieben Jahre später wurde er stillgelegt.

Da bereits 1984 die Überlastung des Fernsehturms abzusehen war, wurde mit den Planungen für einen neuen begonnen. Am Weidetor, auf der grünen Wiese, sollte er stehen, in der Nähe von Messeschnellweg, Medical Park und Medizinischer Hochschule. Ein attraktiver Blickfang mit einem unverwechselbaren Äußeren wurde zwischen 1989 und 1992 errichtet. Die Meisterleistung der beteiligten Ingenieure und Statiker ist von Weitem sichtbar. Der quadratische Schaft und die Höhe von genau 282,20 Metern sichern ihm den fünften Rang in der Liste derartiger deutscher Türme. Antennen- und Zwischenplattformen und in 185 Metern eine Aussichtsplattform, die früher ab und zu für

Veranstaltungen und Schaulustige zum „Kleinen Fest am großen Turm“ geöffnet wurde, formen das Erscheinungsbild. Der Ausblick aus luftiger Höhe ist fantastisch. Wie ein großer Korb in der Form eines Würfels hängt der Betriebsbereich am Schaft und der Sendemast sorgt für ein bundesweites digitales Radio- und Fernsehprogramm und den Mobilfunk. Als die Messe CeBit regelmäßig in Hannover stattfand, wurde er für die Dauer der Messe magentafarben angestrahlt.

Es gab nun zwei Fernmeldetürme in Hannover, die es zu unter-

Der erste Fernmeldeturm aus dem Jahr 1960. Inzwischen trägt er den Spitznamen Telemoritz und dient VW für Werbezwecke.

scheiden galt. Die Lokalzeitung forderte 1992 zu Vorschlägen für die Namensgebung auf. Mit großer Mehrheit wurden aus den vielen Einsendungen Telemax und Telemoritz gewählt. Die Wilhelm-Busch-Stadt Hannover orientierte sich passenderweise an dem bekannten Schriftsteller.

Eislauf für alle

Im Eisstadion am Pferdeturm können ganze Familien gemeinsam Schlittschuh laufen, es gibt Kindereislaufen für verschiedene Altersklassen und mehrmals in der Woche Eisdisco. Niemand muss mehr warten, bis es richtig frostig ist. Die Kunsteisbahn macht es möglich und die Saison beginnt oft schon im September. Ganz anders früher, als man Rasenflächen, Tennis- oder Betonplätze mit Wasser übergoss und anfrieren ließ. Teiche oder gar der Maschsee waren in der Vergangenheit im Winter selten so stark durchgefroren, dass man sich darauf gefahrlos tummeln konnte. Eröffnet wurde Hannovers Eisstadion am 7. November 1959. Die Stadt hatte das Grundstück in Kleefeld zur Verfügung gestellt. Dreitausend Gäste waren geladen, darunter die bundesdeutsche Prominenz im Paarlauf, das Traumpaar Marika Kilius und Hans-Jürgen Bäumler. Sie gewannen im Februar 1963 den Weltmeisterschaftstitel im Eiskunstlauf, außerdem 1960 und 1964 die Silbermedaille bei den olympischen Spielen – und sie waren mehrmals Sieger bei der Eislauf-Europameisterschaft. Margret Göbel und Franz Ningel, das zweite deutsche Eislaufpaar von internationalem Rang, bekleidete den undankbaren zweiten Platz, bei der Einweihung wurden aber auch sie als Ehrengäste begrüßt.

Das Eisstadion am Pferdeturm – heute auch Indianerland.

Seit 1963 wird das Stadion außerdem für Eishockey genutzt. Der Verein, der damals hier spielte, hieß EC Hannover (Eissportclub Hannover), bis 1963 trug er den Namen RESG (Roll- und Eissportgesellschaft). Dann war es der Verein ECH Turtles, der bis zu seinem Konkurs 1998/99 die Eisfläche nutzte. Seither ist Hannover Indianerland, der EC Hannover Indians veranstaltet hier seine Heimspiele, am Eingang hängt oft das Schild „ausverkauft".

4608 Zuschauer finden im Stadion Platz, davon 1118 auf Stehplätzen. Erst im Jahr 1978 wurde das Stadion überdacht, aber die Halle ist nicht ganz geschlossen. Die große, weite Nordkurve gilt wegen ihres besonderen Flairs als kultig. Die Fans sind treu, auch wenn es kalt und zugig ist, stets waren und sind sie begeistert und lautstark dabei. Gewinnt der Verein, geht es in der Straßenbahn fröhlich weiter, es wird gesprungen und getobt, bis der Fahrer anhält und zur Ruhe mahnt, weil die Wagen zu sehr schaukeln.

Das alte Hannover

„Schöne Fachwerkhäuser gibt es hier“, hört die Stadtführerin am Holzmarkt eine Dame zu ihrem Mann sagen. „Aber wir haben doch am Stadtmodell im Neuen Rathaus gesehen, dass fast alles zerstört wurde und während der Führung wurde auch darauf hingewiesen.“ Stimmt, trotzdem sind einige Fachwerkhäuser erhalten und vermitteln den anheimelnden Eindruck einer alten Stadt. Beim Weihnachtsmarkt wirken sie als stimmungsvolle Kulisse. Bevor die Bomben des Zweiten Weltkrieges die Innenstadt zu 90 Prozent zerstörten, gab es in Hannovers Altstadt 1600 Fachwerkhäuser. Lediglich 12 sind nicht den Flammen zum Opfer gefallen, der größte Teil davon in der Kramerstraße. Sie wurden unter denkmalpflegerischen Aspekten wieder hergestellt und stehen seit Jahrhunderten am gleichen Platz. Am Holzmarkt dagegen baute man ab 1957 neu. Die geretteten Fassaden wurden zusammengetragen, restauriert und vor die neuen Häuser gehängt. So entstand eine „Traditionsinsel“. Die wenigsten Betrachter schauen ganz genau hin und stellen fest, dass etwas an den Gebäuden nicht stimmig ist. So passt das Erdgeschoss aus den 1950er-Jahren nicht zur Fachwerkfassade. Doch das stört das hübsche Gesamtbild nicht.

„Dieses Haus ist doch bestimmt alt?“, wird die Stadtführerin direkt angesprochen. Der Blick fällt auf ein Renaissancegebäude auf der gegenüberliegenden Seite, das Leibnizhaus. Das innen moderne Gebäude wurde als Gästehaus der Leibniz Universität 1982 fertiggestellt. Die Fassade ist die Kopie des, so sagte man, schönsten Gebäudes in der Stadt, das früher in der Schmiedestraße stand und von dem nur ein paar Steine übrig geblieben sind. Es war das Wohnhaus des Universalgelehrten Gottfried Wilhelm Leibniz, 40 Jahre lang hat er darin gelebt.

1973 trug man sich mit dem Gedanken, das zerstörte Gebäude wieder zu errichten. Aber der ursprüngliche Standort in der Schmiedestraße war besetzt, dort steht eine Hochgarage. Das Parkhaus wurde 1965/66 gebaut, drei Untergeschosse und fünf Obergeschosse hat der in Deutschland einmalige Stahlskelettbau mit abwechselnd weißen und grauen Lamellen. Wegen seiner Besonderheit kann eben auch ein Parkhaus unter Denkmalschutz gestellt werden.
Ein echtes Kuriosum ist der „Gigantenfuß" aus dem Jahr 1944. Der Teil einer nie fertiggestellten Großplastik des Bildhauers Arno Breker, der riesige Skulpturen schuf und unter dem Schutz Adolf Hitlers stand, dient als Tisch vor der Schankwirtschaft „Barfuß" einem sehr gewöhnlichen Zweck. Der hannoversche Objektkünstler, Schöpfer verschiedener Plastiken und Mahnmale, Hans-Jürgen Breuste, hat zu Beginn der 1980er das Lokal innen ausgestaltet, überdauert hat die späteren Veränderungen

Restaurierte Häuser, die den Zweiten Weltkrieg überstanden haben. Auch 2023 schön anzusehen.

nur der von ihm mit Leder bezogene Tresen. In Zusammenhang mit den Arbeiten im Lokal wurde der Fuß aufgestellt. Breuste transportierte ihn gemeinsam mit anderen Dingen, die er für seine Kunstobjekte verwendete, aus Weißenstadt im Fichtelgebirge nach Hannover. Eine ehemalige Werkstatt Brekers war die Fundgrube.

Dieter Oesterlen – seine Bauten in Hannover

Als Dieter Oesterlen 1945 nach Hannover zurückkehrte, war sein erster Bauauftrag im wahrsten Sinne des Wortes herausragend. Die Marktkirche, im Herzen der Altstadt gelegen, war gemeinsam mit dem schräg gegenüberliegenden Pfarrhaus am 26. Juni 1943 schwer beschädigt worden. Mit seiner Höhe von 97,26 m war der Kirchturm nicht nur der höchste Turm der historischen Stadt, sondern galt als Wahrzeichen Hannovers, auch wenn er beim Bau um 1350 nicht so vollendet wurde wie geplant. Schlanker und höher hätte er werden sollen, Vorbilder waren die Soester Wiesenkirche und die Dome von Paderborn und Verden. Aber den Bauleuten in der Mitte des 14. Jahrhunderts war nicht nur das Geld ausgegangen, auch die Menschen fehlten, denn die Pest hatte mehr als ein Drittel der hannoverschen Bevölkerung dahingerafft. Viel war dem Gotteshaus geschehen, Seuchen und Zerstörung, dabei hatte man es St. Georgii und Jacobi genannt. Aber nicht einmal die zwei Schutzheiligen Georg und Jacob konnten das Ungemach verhindern.
Nach dem Bombenhagel des Zweiten Weltkrieges hielt man 14 der 34 evangelischen Gotteshäuser der Vorkriegszeit für völlig

zerstört, auch die Marktkirche wurde als „kaum wiederherstellbar“ eingestuft. Aber, so die einhellige Meinung, ein Wahrzeichen muss wieder aufgebaut werden, gleichgültig wie schwierig und aufwendig es wird. Und Dieter Oesterlen stellte sich der Aufgabe, die südlichste der norddeutschen gotischen Backsteinkirchen wieder erstehen zu lassen.

Bevor 1946 die Arbeiten an der dreischiffigen Hallenkirche beginnen konnten, musste zuerst der Schutt mit den Händen durchwühlt werden. Noch brauchbare Backsteine wurden für den Wiederaufbau zur Seite gelegt, nicht mehr verwendbare mit dem Pferdekarren abtransportiert. Im Oktober 1948 war das Dach wiederhergestellt. Die Arbeiten gingen langsam voran, es fehlten Material und Geld. 1949 war das Kupferdach des Turmes fertig, 1951 alle Fenster verglast, allerdings mit weißem Glas. Nur im Chorraum gibt es Reste der farbigen Glasfenster aus früheren Jahrhunderten, die ältesten aus der Zeit um 1400. Glücklicherweise waren Außenmauern und Stützpfeiler der Kirche erhalten geblieben, so konnte das Deckengewölbe wieder aufgebaut werden.

Unter der Bauleitung von Dieter Oesterlen erhielt der Innenraum seinen ursprünglichen Charakter zurück. Im Laufe der Jahrhunderte war er regelmäßig der jeweiligen Mode entsprechend verputzt, bemalt oder dekoriert worden. Aller Putz und die neugotischen Elemente des 19. Jahrhunderts wurde innen und außen entfernt und der rote Backstein freigelegt. Einen besonderen Platz erhielt die Orgel 1954 durch die Verlegung der Orgelempore in das südliche Seitenschiff. Zu Pfingsten 2009 wurde eine neue Orgel aus der Werkstatt von Orgelbau Goll in Luzern im denkmalgeschützten Gehäuse eingeweiht. Unter dem Mittelschiff entstand mit dem Wiederaufbau im Kellergeschoss ein gänzlich neuer Raum, der Bödekersaal, benannt nach Pastor Hermann Wilhelm Bödeker, dem langjährigen Seelsorger der Kirche. Von 1825 an hat er 50 Jahre hier gewirkt. Der Gemeindesaal wird als Andachtsraum genutzt oder auch für Tagungen und Fortbildungen. Um ihn herum liegen andere, eher nützliche und praktische Räumlichkeiten wie ein Konfirmandenraum, eine Teeküche, Toiletten und der Heizraum. Die Fundamente aus dicken Säulen erinnern an eine Krypta, sie stammen zum Teil aus der romanischen Vorgängerkirche des heutigen Bauwerks.

Die Kirche betritt man, an den beiden Schutzheiligen Georg und Jakob vorbei, durch das im Zuge des Wiederaufbaus grundlegend veränderte Haupt- oder Westportal. Es ist eine Stiftung des Rates der Stadt Hannover, der seit dem Mittelalter das Patronat über die Kirche ausübt. Außerdem schenkte die Stadt dem Gotteshaus zur 600-Jahr-Feier 1957 die bronzene Doppeltür des Bildhauers Gerhard Marcks, 1959 war sie fertiggestellt. Im Tympanon ist die aus drei konzentrischen Kreisen heraustretende Christusfigur beherrschend. Auf den Türen mit den Namen „discordia“ (Zwietracht) und „concordia“ (Eintracht) werden Szenen des täglichen Lebens aus der damals noch nicht lange zurückliegenden Vergangenheit gegenübergestellt, die zum Nachdenken anregen. St. Georgii und Jacobi versteht sich als offene Kirche und heißt alle willkommen.

Am 5. April 1911 in Heidenheim geboren, war Dieter Oesterlen sechs Jahre alt, als sein Vater eine Professur für Wasserkraftmaschinen an der Technischen Hochschule Hannover erhielt und die Familie umzog. Nach Schulzeit und Abitur am hannoverschen Goethegymnasium studierte er in Stuttgart und Berlin Architektur. In der Reichshauptstadt arbeitete er von 1939 bis 1945 als selbstständiger Architekt und war mit Bauten für die kriegswichtige Industrie und mit Wohnungsbau beschäftigt.

Nach Hannover zurückgekehrt, wurde er einer der einflussreichsten und meistbeschäftigten Architekten der Nachkriegszeit. Für viele der damals entstandenen Gebäude war Dieter Osterlen der Architekt. Sie prägen bis heute den Charakter der Stadt Hannover. Wie sein Vater wurde auch Dieter Oesterlen Professor, zwischen 1953 und 1976 lehrte er Entwerfen und Gebäudekunde an der Technischen Hochschule Braunschweig.

Was wäre Hannover ohne das Café Kröpcke? Es ist, wie die Marktkirche, nicht wegzudenken. Bereits 1869 gab es hier, nicht weit vom Bahnhof entfernt, in einem maurisch anmutenden, gusseisernen Pavillon ein Café: das „Café Robby". Betrieben wurde es vom Schweizer Konditor Johann Robby. Später ging man in Hannover zum „Kröpcke". Der ehemalige Oberkellner des Robby, Wilhelm Kröpcke, pachtete es und führte es unter seinem eigenen Namen weiter. Es entwickelte sich mit seinem Kaffeegarten mit bis zu 2500 Plätzen und einer Konzertmu-

Café Kröpcke, seit 1972 betrieben von Möwenpick.

schel zu einem beliebten Treffpunkt für Einheimische, Touristen und besonders für die Künstler. Um die Mittagszeit des 26. Juli 1943 wurde es vollständig zerstört. Als 1947 in Konkurrenz zur Leipziger Messe in Ostdeutschland die erste Industriemesse im Westen in Hannover stattfand, stellte man für die Bewirtung der Messegäste mit Kaffee und Bier ein großes Zelt mit dem Namenszug „KRÖPCKE“ auf. Ein Jahr später gab es wieder ein richtiges Café.

Im Januar 1948 wurden in einer Ausstellung die Entwürfe für den Neubau vorgestellt. Bedingung war, dass kein für den Bau von Wohnungen benötigtes Material verwendet werden durfte. Umgesetzt wurde der Entwurf Oesterlens, ein Pavillon aus Leichtmetall und Glas, der schließlich 1974 für den U-Bahn-Bau wieder abgerissen wurde. Die Nachfahren von Wilhelm Kröpcke untersagten die weitere Benutzung des Familiennamens, so war die Stadt Hannover in der Plicht und benannte kurzerhand den Platz zwischen Bahnhofstraße und Karmarschstraße in Kröpcke um. Das Lokal müsste eigentlich „Café am Kröpcke“ heißen, aber ganz so kleinlich geht es nicht zu. 1976 eröffnete ein größeres Café in einem neuen Gebäude mit Tonnendächern. Heute wird es, die vierte Einrichtung an dieser Stelle, von „Möwenpick“ betrieben.

Ein Gemeinschaftswerk dreier Architekten war das Funkhaus am Maschsee. Am 22. September 1945 wurde unter dem britischen Journalisten und Chefredakteur der deutschsprachigen Nachrichtensendungen der BBC während des Krieges, Sir Hugh Carleton Greene, der NWDR (Nordwestdeutscher Rundfunk) gegründet. Greene sprach ausgezeichnet Deutsch, kannte das Land und sollte nun im Auftrag der Besatzungsmacht den Rundfunk als politisch unabhängige Einrichtung in der gesamten britischen Zone aufbauen. Der NWDR teilte sich später in den WDR

(Westdeutscher Rundfunk) und den NDR (Norddeutscher Rundfunk) auf, gesendet wurde nun dezentral aus einzelnen Rundfunkanstalten. Am 1. März 1948 begann der reguläre Sendebetrieb in Hannover mit einer Direktübertragung eines Konzerts

Der Funkturm, genannt „Maschseespargel"
(Foto von 2023).

des Niedersächsischen Symphonieorchesters aus dem Beethovensaal der Stadthalle.

Ein eigenes Funkhaus in Hannover sollte nach den Planungen von Rudolf Hillebrecht am Maschsee gebaut werden. Auf keinen Fall wollte der hannoversche Stadtplaner hohe Behörden-, Büro- oder Versicherungsbauten haben, wie er sie als abschreckende Beispiele in anderen großen Städten gesehen hatte. Der Rand des Maschsees war für Kultur-, Freizeit- und Sportanlagen bestimmt, ein Strandbad und Gaststätten gab es bereits. Zehn Architekten beteiligten sich am Wettbewerb, drei gewannen die ersten Plätze: Friedrich-Wilhelm Kraemer aus Braunschweig, Gerd Lichtenhahn aus Hildesheim und Dieter Oesterlen aus Hannover. Am Rudolf-von-Bennigsen-Ufer sollten Verwaltung, Studio und Sendesaal eine von Grün umgebene dreischiffige Baugruppe bilden mit höchstens vier Geschossen. Architekten, die sich am Wettbewerb beteiligen wollten, wurden bereits im Vorfeld ausgiebig betreut und auf ihre Aufgabe vorbereitet. So erläuterten zum Beispiel Akustikfachleute, welche Anforderungen sie an Luft- und Körperschalldämpfung stellten, um eine ausreichende Raumakustik zu erreichen. Nach diesen und anderen festgelegten Kriterien wurden letztlich auch die Preise vergeben.

Der Architekt Kraemer siegte mit seinem städtebaulichen Konzept und klar gegliederten Gebäudeteilen, die bautechnische und organisatorische Qualität überzeugte bei Lichtenhahn und Oesterlen gewann mit seinem architektonischen Konzept. Die Ergebnisse des Wettbewerbs wurden in Fachkreisen und in der Tagespresse gefeiert, das modernste Funkhaus in Deutschland, ein „Funkpalast“, konnte entstehen! In allen drei Beiträgen sah das Preisgericht Positives und Negatives. Es wählte einen ungewöhnlichen Weg und forderte die Beteiligten auf, in einer Arbeitsgemeinschaft zusammenzuarbeiten. Zu Beginn hatte der Arbeitsstab, zu dem auch einige Assistenten der jeweiligen Büros gehörten, einen Arbeitsraum in einem hannoverschen Hotel, dann holte Friedrich Wilhelm Kraemer alle nach Braunschweig in sein Büro. Er war offensichtlich der führende Kopf. Ab März 1949 stand für die Bauleitung eine eigens errichtete Baracke am Rudolf-von-Bennigsen-Ufer zur Verfügung. Hier gab es Zeichenräume und sogar Schlafplätze. Von Streitigkeiten wurde nicht berichtet, wöchentlich gab es Arbeitstreffen, bei denen in „kollegialer Atmosphäre", wie es ausdrücklich hieß, beraten und entschieden wurde. Gebaut wurde bis 1952, der Verwaltungsbereich und die Studios waren damit fertiggestellt. Darunter lag das Studio 1 mit 300 Plätzen auf 350 Quadratmetern Größe, einem Foyer und Toiletten. Das Studio 1 ist bekannt unter dem Namen „Kleiner Sendesaal" und wird bis heute für öffentliche Konzerte genutzt.

Der Große Sendesaal, der große öffentliche Veranstaltungen ermöglichen sollte, war vom Vorhaben abgetrennt worden. Er wurde erst zwischen 1962 und 1963 gebaut. Im Juli 1957 wurde der Bau beschlossen, 7,5 Millionen DM standen zur Verfügung. Nun bereitete der Standort Probleme. Das Funkhaus hatte sich, weiter als der ursprüngliche Plan vorsah, nach Süden ausgedehnt und für das große Projekt reichte der Platz nicht mehr. Mit Lattengerüsten, die Höhe und Umfang des geplanten Gebäudes maßen, wurde nacheinander an insgesamt dreizehn Standorten, verteilt auf das gesamte Rudolf-von-Bennigsen-Ufer, getestet. Die Stadt und der NDR konnten sich lange nicht einigen. Wirtschaftliche und städtebauliche Gründe erzwangen schließlich die Lösung, der Platz am Seeufer wurde gewählt. Mit der Form einer sechseckigen Kiste, wie ein Container, dominiert der Große Sendesaal mit seinen 1200 Plätzen die Umgebung.

Zwei Extreme, ein Gegensatzpaar, stoßen aufeinander. Ein weißer mit Stahlblechplatten verkleideter Block drückt auf das Glasfoyer. „Bassgeige“ heißt der Sendesaal im Volksmund. Wegen seiner Form? Einfacher nachzuvollziehen ist der Spitzname „Maschseespargel“ für den daneben liegenden Antennenturm.

Am 1. November 1946 wurde das Land Niedersachsen gegründet. Nach der Verordnung Nr. 55 der britischen Militärregierung sollte das neue Bundesland sich aus den Ländern Hannover, Braunschweig, Oldenburg und Schaumburg-Lippe zusammensetzen. Außerdem hieß es: „Die Hauptstadt Niedersachsens ist Hannover.“ Das Land Hannover, das nach dem Zweiten Weltkrieg nur kurz existierte, entsprach von der Größe her der preußischen Provinz beziehungsweise dem Königreich Hannover. Die feierliche Proklamation fand in der Halle des Neuen Rathauses statt. Eine Herausforderung war es, einen ausreichend großen Saal für die Sitzungen des neuen Landesparlamentes zu finden. Der Hodlersaal als größter Raum im Neuen Rathaus hatte nicht genügend Sitzplätze und wurde zudem für Ratssitzungen benötigt. So fanden die ersten Sitzungen im weißen Saal in der nur zum Teil zerstörten Stadthalle statt. Nach Zeitzeugenberichten wurden hier sogar Fraktionsräume und Büros geschaffen, indem man Pappwände aufstellte. Ein anderes Problem waren Stromsperren, fehlende Heizung und die Schwierigkeit für Abgeordnete, die nicht aus Hannover, sondern dem ganzen Bundesland kamen, eine Übernachtungsmöglichkeit zu finden. Manche Nacht wurde unbequem auf einem Sofa bei Kollegen verbracht. Dennoch gelang es zu arbeiten.

Die Lösung des Problems, einen Standort für das Parlamentsgebäude zu bestimmen, wurde von Stadt und Land gemeinsam gefunden. Stadtbaurat Rudolf Hillebrecht hatte vorgeschlagen die politische Tradition fortzusetzen. Der frühere Regierungs-

sitz der Fürsten, das Leineschloss, sollte nun der Standort für das Parlament mit den demokratisch gewählten Vertretern des souveränen Volkes werden. Ein Ratsbeschluss vom Juni 1949 regelte den städtischen Verzicht auf die Nutzungsrechte des Leineschlosses, wenn das Land Niedersachsen es nutzen wolle. Schon einen Monat später stimmte der Landtag Hillebrechts Vorschlag zu. Am 30. September 1958 legte der damalige Ministerpräsident Heinrich Hellwege den Grundstein. Aber es dauerte noch bis 1962, ehe das zerstörte Schloss wieder errichtet und der Plenarsaal angebaut war.
Unter Dieter Oesterlen fanden ab 1957 die Arbeiten dazu statt. Glücklicherweise waren die Umfassungsmauern und der Säulenportikus erhalten geblieben, eine klassizistische Fassade, wie sie der königliche Hofbaudirektor Georg Ludwig Laves im 19. Jahrhundert geschaffen hat, prägt das Gebäude. Vollständig neu gebaut wurde der Plenarsaal, hier war früher das königliche Hof-

Der Plenarsaal des Landtagsgebäudes.

theater. Nachdem das neue Hoftheater, das heutige Opernhaus, als neue Spielstätte genutzt wurde, war es überflüssig geworden und wurde abgerissen. Nach der Fertigstellung des Plenarsaals 1962 wurde die mit Granitplatten verkleidete geschlossene Fassade zur Leinstraße hin als zu kahl empfunden. Jürgen Weber, Bildhauer und Professor an der TU Braunschweig verschönerte

Das Historische Museum in der Burgstraße (Foto 2023).

zum Preis von 100.000 DM die Wand mit drei Fahnenhaltern in der Tradition von Wasserspeiern gotischer Kirchen. Sie tragen die Namen Sonnenwind, Sturmwind und Regenwind.
Die Liste von öffentlichen und privaten Gebäuden des Architekten Dieter Oesterlen in Hannover ist lang. Eine kleine Auswahl muss hier genügen: Filmstudio am Thielenplatz (1951–1953), Wilhelm-Busch-Schule in Ricklingen (1956–1958), Historisches Museum (1964–1967), Verwaltungsgebäude der Concordia Versicherung an der Karl-Wiechert-Allee im Roderbruch (1974).
Dieter Oesterlen starb am 6. April 1994 im Alter von 83 Jahren in Hannover, seine Ehefrau Eva-Maria folgte ihm 2011. Sie hat sich nach seinem Tod engagiert für den Erhalt seines Erbes eingesetzt. Beider Grab befindet sich auf dem Stadtfriedhof Engesohde. Ein 1998 in Kirchrode angelegter Weg wurde nach ihm benannt.

Abiturprüfung 1970

Endlich war es so weit, die Schulzeit ging zu Ende. Hannah-Luise hatte wirklich genug davon. Nur noch bis zum Frühjahr 1971 durchhalten, das war zu ertragen. Zumal ihre Schulzeit höchstamtlich auf 12 ½ Jahre verkürzt worden war! Die Kultusministerkonferenz hatte am 28. Oktober 1964 mit dem „Hamburger Abkommen“ beschlossen, den offiziellen Schulbeginn auf den 1. August festzulegen. Die Länderparlamente stimmten zu und ab da begann das Schuljahr im Herbst und nicht mehr im Frühjahr. In Bayern war das seit Ende des Zweiten Weltkriegs üblich, auch die europäischen Nachbarländer verfuhren so und schickten die Kinder zum Schuljahresende mit dem Zeugnis in die Ferien. Die bundeseinheitliche Regelung bedeutete eine große Erleichterung für Familien, die nach Bayern oder von Bayern in ein anderes Bundesland umzogen. Gleichzeitig mit dieser Neuregelung wurde die Schulpflicht von acht auf neun Jahre verlängert. Nach Meinung vieler wäre es eine gute Möglichkeit gewesen, einfach ein langes Schuljahr einzuführen, um den Lehrstoff in Ruhe aufzuholen und zu vertiefen. Aber man entschied anders. Niedersachsen bevorzugte wie die anderen Länder auch „Kurzschuljahre". Zwei Schuljahre wurden auf jeweils neun Monate verkürzt und so insgesamt ein halbes Jahr eingespart. Hannah-Luises achtes Schuljahr dauerte offiziell vom 1. April bis zum 30. November 1966, das neunte vom 1. Dezember 1966 bis zum 31. August 1967. Danach begannen die Sommerferien.

Hannah-Luise und ihr älterer Bruder Lars-Ole wuchsen in einem toleranten, liberalen Elternhaus in Kleefeld auf. Die Meinung aller Familienmitglieder wurde gehört, auch die Kinder durften sich äußern. Am Familientisch gab es viele Gespräche und manchmal hitzige Diskussionen, wobei gewisse Regeln eingehalten werden mussten. Jeder Person stand das Recht zu auszureden, ohne unterbrochen zu werden. Die Meinung einer Person durfte kritisiert werden, aber nicht die Person, die sie äußerte. So lernten die Geschwister, ihren Standpunkt mit guten Argumenten zu begründen und zu verteidigen. In der Schule eckte Hannah-Luise mit diesem Verhalten häufig an, so viel Selbstbewusstsein wurde nicht von allen Lehrkräften geschätzt. Sie war eine kleine Person, nur 161 cm groß, schlank, mit blonden Haaren und blauen Augen und wirkte zerbrechlich. Früher bedauerten sie die Tanten und Großtanten in der Familie als bleich und unterernährt. Aber sie war das Gegenteil: gesund, sportlich und nie wehleidig.

Hannah-Luise besuchte ein Gymnasium. Sie hatte sich dafür entschieden, weil alle ihre Freundinnen dorthin gingen, und es sprach nichts dagegen. Als die großen Prüfungen bevorstanden, hatte sie bereits den ersten Teil des Sportabiturs hinter sich. Ihr Wahlpflichtfach bestand aus einem ersten Teil im Februar in der Halle und dem zweiten im Mai, dann draußen. In beiden Fällen gab es einen Pflichtteil und eine Kür. Für die Winterprüfung hatte sie sich in der Kür für Bodenturnen entschieden. Das ganze Kollegium war zur Prüfung anwesend. Hannah-Luise präsentierte die geforderten Elemente wie Radschlagen und Radwende rechts und links, Handstandüberschlag und sogar Spagat, die sie alle mit anderen, frei gewählten Übungen kombinierte und perfekt vorführte. Als Kind hatte sie einige Jahre Ballett getanzt und so waren die gestreckten Fußspitzen und die Hände immer unter Kontrolle. Anders sah es mit der Musik aus, die der Prüfling ausgewählt hatte – zu modern, einfach unmöglich!

Die Sportlehrerin hatte ein klassisches, bekanntes Stück empfohlen, etwa fünf Minuten lang. Hannah-Luise aber entschied sich für „Melissa“. Ein toller Rhythmus und eine eingängige Komposition, die wunderbar ihre Bewegungen unterstützte und betonte. Melissa war ein Straßenfeger, eine dreiteilige Fernsehsendung, die vom 10. bis 14. Januar 1966 im Abstand von jeweils zwei Tagen um 21.00 Uhr begann und etwa eine Stunde dauerte. Sie gehörte zu den Durbridge-Filmen, die vom WDR ausgestrahlt wurden und die Familien regelmäßig vor dem Fernseher versammelte. Die Spannung war kaum auszuhalten und die Straßen waren wirklich wie leergefegt. Hannah-Luise hatte sich die Single der Musik gekauft, die Platz vier der deutschen Hitparade einnahm, und sie immer und immer wieder angehört.

Für die Prüfung hatte die Schülerin ihren tragbaren Schallplattenspieler mitgebracht und diese unmögliche Musik ertönen lassen. Nach ihrer Kür herrschte Stille, dann fing eine junge Referendarin an zu klatschen, einige andere Lehrkräfte schlossen sich an, aber die meisten regten keine Hand. Später erfuhr Hannah-Luise, dass es im Lehrerzimmer hitzige Diskussionen um die Note gab Es wurde aber tatsächlich die Bestnote, eine „Eins". Die Stimmen, die meinten, nur die Leistung, nicht die Musik dürfe bewertet werden, waren schließlich in der Mehrheit. Auch beim zweiten Teil des Sportabiturs gab es Probleme. Fast alle Schülerinnen entschieden sich für den Dreikampf in Leichtathletik, zwei liefen die lange Strecke von 3000 Metern. Hannah-Luise war eher eine ausdauernde Sportlerin, aber da 1000 Meter Brustschwimmen zur Wahl stand, was ihr lieber war, schied Laufen aus. Prüfungsort war allerdings das Schwimmbad in Misberg mit einer kurzen, nur 25 Meter langen Bahn. Nicht gerade ideale Bedingungen, aber sie schwamm die 40 Bahnen in einer hervorragenden Zeit. Selbst zählen aber konnte und vor allem durfte sie nicht, sie hätte ja mogeln können. Also stand an beiden Enden der Bahn jeweils eine Lehrkraft und sagte die geschwommenen Bahnen laut an. In der Mitte der Bahn stand die dritte Lehrkraft und kontrollierte die Schwimmerinnen. Wieder trug sie eine glatte „Eins" nach Hause. Diese Zensur hob den Durchschnittswert der gesamten Abiturprüfung erheblich.
Mitte Mai fanden die schriftlichen Prüfungen statt, am Montag Deutsch, die Interpretation einer Kurzgeschichte von Heinrich Böll. Zwei standen zur Auswahl. Dienstag Französisch, ein Grammatiktest und ein Aufsatz. Am Mittwoch durfte Hannah-Luise ausschlafen und sich erholen. Dann ging es weiter mit Mathematik. In dem Fach war sie eigentlich gut, besser wäre sie gewesen, wenn ihr nicht so viele Rechenfehler unterlaufen

wären. Da half die damals erlaubte Logarithmentafel nicht, einen Taschenrechner gab es noch nicht. Meist hieß es in der Bewertung, der Ansatz sei richtig gewesen, die ärgerlichen Rechenfehler drückten die Endnote. Mit dem englischen Aufsatz am Freitag hatte sie keine Schwierigkeiten. Die Lateinnote der 10. Klasse wurde für die Gesamtnote mit herangezogen, das Ergebnis war ordentlich, aber kein besonderes Ruhmesblatt.

Zusätzlich zur schriftlichen Prüfung in Deutsch sollte sich jede Schülerin intensiv mit dem Werk eines deutschsprachigen Literaten beschäftigen, weitere Vorgaben gab es nicht. Bei einer schlechten Note oder einem Resultat zwischen zwei Noten für die Interpretation der Kurzgeschichte drohte eine mündliche Nachprüfung. Fragen zum gewählten Dichter würden gestellt werden.

Hannah-Luise wurde nicht geprüft, trotz mäßiger Note. Vielleicht spielte bei dem letztlich schwachen Ergebnis im Fach Deutsch die Wahl ihres „Abiturdichters“ eine Rolle. Sie stapfte mal wieder in den größten Fettnapf, den es gab. Sie hatte sich für den Schriftsteller Carl Zuckmayer (1896–1977) entschieden, einen entschiedenen Gegner des Nationalsozialismus. Das war ein Problem, denn die Lehrkräfte an Hannah-Luises Schule hatten zum größten Teil schon vor und auch während des Krieges unterrichtet. Nun mussten sie auf Anordnung der britischen Militärregierung an einem „Teacher's Reeducation Programme“ teilnehmen, einem Umerziehungsprogramm, in dem sie Demokratie lernen sollten. Nicht bei allen hat das zum Erfolg geführt, so jedenfalls stellten viele Schülerinnen und deren Eltern fest.

In Hannover ist alles so flach

Ihre Führerscheinprüfung hatte Sabine im Winter im Bergischen Land gemacht. Anfahren am Berg mit und ohne Handbremse, steile Straßen und nasses Kopfsteinpflaster. Sie wusste, wie sie ihren schicken Mini, aus England importiert, lenken musste. Für einen Cooper hatte das Geld leider nicht gereicht. Aber da der Wagentyp in Deutschland noch selten war, merkte es niemand und die bewundernden Bemerkungen, die zum Beispiel beim Tanken fielen, waren angenehm.

Mit einem guten Examen als Krankenschwester bewarb sie sich an verschiedenen Krankenhäusern. Die Wahl fiel 1968 schließlich auf das Oststadtkrankenhaus in Hannover. Das Häubchen und die Brosche mit dem roten Kleeblatt trug sie mit Stolz, die Arbeit machte ihr Spaß und war eine Herausforderung. Das Krankenhaus war nach zwei Jahren Bauzeit im Juli 1959 eröffnet worden, und als sie nach Hannover kam, war seit drei Jahren klar, dass es die Keimzelle der neu zu gründenden Medizinischen Hochschule sein sollte. Das waren günstige Voraussetzungen, auch für ihre persönliche Karriere.

Beim Autofahren an ihrem neuen Wohnort aber hatte sie regelmäßig Schweißausbrüche. Hier gab es keine Berge, es war alles ganz flach, die Handbremse wenig nützlich im brausenden Verkehr von 1968. Vierspurige Straßen und nie war sie in der richtigen Spur! Wollte sie wechseln, hupte es. Kreisverkehre mit drei Fahrspuren, Straßenbahnen, die mitten durch den Kreisel fuhren und aus allen Richtungen schossen plötzlich waghalsige Fahrradfahrer auf die Fahrbahn. Wieder lautes Hupen, wenn sie sich vorsichtig vorwärtsbewegte.

Am Kröpcke stand wenigstens ein Schupo mitten im Gewimmel, der alles souverän regelte. Nur war nicht jede hannoversche

Kreuzung so wichtig wie diese und oft genug musste sie alleine zurechtkommen. Der Ehrgeiz packte sie und nach gar nicht langer Zeit und mit einem hannoverschen Nummernschild war sie von den Einheimischen nicht mehr zu unterscheiden. Na, und die eine Delle am rechten Kotflügel, das Ergebnis eines missglückten Spurwechsels, wurde ausgebeult. Ärgerlich für beide Kontrahenten und teuer für sie.

Hochstraße über den Aegi, offizieller Name Aegidientorplatz, 1972.

Weitere Bücher aus der Region

Hannover – Aufgewachsen in den 70er und 80er Jahren
Bettina Reimann
64 Seiten, zahlr. Farb- und S.-W.-Fotos
ISBN 978-3-8313-3543-5

Tierische Geschichten aus Hannover
Susanne Wondollek
80 Seiten, zahlr. Farbfotos
ISBN 978-3-8313-3404-9

Unsere Glücksmomente Geschichten aus Hannover
Heike Wolpert
80 Seiten
ISBN 978-3-8313-3329-5

Weserbergland entdecken! 1000 Freizeittipps
Ulrich Weiß
168 Seiten, zahlr. Farbfotos
ISBN 978-3-8313-2854-3

Wartberg-Verlag GmbH
Im Wiesental 1 34281 Gudensberg
www.wartberg-verlag.de
Bücher für Deutschlands Städte und Regionen
Tel. 0 56 03 - 93 05 0
Fax. 0 56 03 - 93 05 28